尾木直樹
×
おぎ・もぎ対談
茂木健一郎
「個」育て論

青灯社

おぎ・もぎ対談

「個」育て論

装幀　眞島和馬

目次

Ⅱ　今を輝く――『個』別教育の可能性は無限　105

まえがき

尾木直樹さんという人を、私は、その御著書や論文を通して知っていました。教育、学びの本質をとらえた、硬派の素晴らしい論考。ところが、その尾木さんが「尾木ママ」としてテレビに登場してきた時、ぼくは、「ぶったまげた」のです。

あの「尾木直樹」さんと、「尾木ママ」は、本当に同一人物なのか？　そのうちにわかってきたのです。「尾木直樹」という人の、日本の教育に対する深い危機感と子どもたちへの「愛」に発した表現が「尾木ママ」なのだと。

実際に対談させていただく中で、「尾木直樹」＝「尾木ママ」だということが、ぼくの中で深く納得されました。対談は、すごいものになりました。ぜひ、この本を読んでください。そして、感じて下さい！

この本の中には、日本の教育の現状に対する、烈しい言葉、厳しい指摘が満ちあふれています。ひょっとしたら、言葉が過ぎると感じられる方もいらっしゃるかもしれません。教育の現場にいらっしゃる方の中には、そこまで言わなくても、と反発を感じる方もあるかもしれません。

しかし、私は思います。これくらい書かないと、目覚めない子どもたち、救われない子どもたちもいるのではないかと。たとえば、批判の対象になっている「偏差値」受験。偏差値が高いと言われる子どもも、低いと言われる子どもも、どちらも傷つける、世界の中でも日本にしかない「奇習」。私も尾木先生も、そんな息苦しい教育現場から子どもたちを救い出したいと、本気で思っている。

尾木先生と、私が共有しているものは、恐らく、「怒り」と「愛」です。「怒り」は、もっと良い学びのあり方があるのに、現状がそれから遠いということに対する「義憤」に発している。一方の「愛」は、子どもたち一人ひとりの「個性」を大切にしたいという思いである。そして、脳の本来の働きである、知識に対する限りない欲求、新しい世界に触れることによる心の揺らぎと共鳴している。

「みんな違ってみんないい」。決してファンタジーではなく、科学的事実なのです。もっとも、教育システムの改革と言っても、今二度と戻らない学びの中にある子どもたちには、間に合わない。もう。日本の教育制度をうんぬんしている場合ではないのかもしれません。もちろん、変えることは大切です。しかし、それよりも何よりも、「気づき」が大切である。そうすれば、もっと自由に、楽しく、学び、生きることができます。

今の日本の学校で息苦しいと感じているすべての子どもに、子どもの教育について迷いのあるすべての親御さんに、そして、かつて学び、今も学びつつあるすべての社会人に、この本を届けたい。

この本は、私と「尾木ママ」の、ありったけの全力投球です。

本当の学びの歓びへ。

さあ、気づくのは、今です！

茂木健一郎

I　偏差値教育は狂っている——学力を示さず順位をつけるだけ

点数＝学力？

茂木　僕は、尾木先生のご著書をずっと以前から拝読しておりまして、大変芯のしっかりとした、現場の実感に根付いているのだけれども、決して世間でよく言われるような、表面的な意味での学力を重視するだとか、学校間で競争させるだとかいう意味ではないことを言われる方だなあ、と思っておりました。僕は、教育と管理とは、基本的に遠いものだと思っているんですが、文科省だとか、教育委員会だとかいった日本の教育行政が、どうしても管理することを優先させて、真の子どもの育みから遠くなることをやっているという現状に対して、尾木先生は、非常に鋭いご意見を述べていらっしゃるので、感銘を受けていたんです。

そして、そのころの「尾木直樹」という人は、非常に、一家言を持った、すばらしい教育実践者というイメージでいらしたんですが、ある時期から、「尾木ママ」という形でテレビに出てこられて、そのイメージがすごくギャップがあってですね（笑）、「あれー、尾木ママって出てきてるよ！」という感じで。でも、そのことによって、尾木先生がずっと考えていらしたことが世間に拡がっていったので、すごく面白い方だな、と思っていました。

恐らく、尾木先生の本を手に取る方の中にも、尾木ママのイメージを持っている方がいらっしゃって、インターネットの書評とか見ていても、「あの尾木ママがこんな真面目なことを書いている」みたいなのがあって（笑）、そこがすごく興味深い。

だから、尾木ママというキャラクターが、僕は大好きなんですが、でも一番肝心なところは、もともと尾木先生が持たれている教育観とか問題意識が、僕と非常に共通しているということなんです。僕自身も日本の教育に対して、色々思うことがあって、でも、どうしても僕の場合、今の子どもの病理だとか、現場で何が起こっているか、という全体をなかなか見通せないところがあるので、その辺りを尾木先生にお伺いできたらな、と思っています。

まず僕が、一番尾木先生にお聞きしたいことの一つが、「**現在の教育において学力ってどう定義されているのか**」ということです。

僕は、尾木先生がこれについてどう思っていらっしゃるかということについてはなんとなくわかる気がするんですが、教育行政がどう思っているのか、ということについて伺いたいのです。尾木先生は、学力テストについてはずっと懐疑的でいらっしゃいますよね。学力テストの点数が、学力そのものであるはずはないのだけれども、実質的には、点数＝学力となってしまっているような気がしています。

尾木　１９９９年秋ぐらいからメディアを通して「学力低下」が論じられるようになったのですが、ちょうど、東大のある研究者が、これまでの日本の学力論争は、非常に抽象的で、「生きる力」だとかいうけれど、データとしてもっときちっと目に見えるものでなくてはならない、ということをいいました。それは確かに一理あるんです。それで社会学的なデータ分析で、彼は学力論を展開していって、２兆円もの教育予算を使うことに対しての費用対効果を示すのが説明責任だ、とどーんと打ち出してきた。それで教育界がぐらついてしまって、データで説明責任を果たそうというのが流行になったんだと教育現場の感覚ではとらえています。そこへ、ＰＩＳＡの調査[1]の結果が下がってきていることなんかも重なって、データ主義がいっそう幅を利かせていくことになりました。

でも、実際の所、点数がそこまで下がったのかというと、そんなには下がっていないんです。マスメディアは順位が下がったという言い方をしていますが、参加国がどんどん増えているだけなんです。最初は、32カ国しかなかったのが、２００９年には65カ国・地域ですから、例えば、シンガポールなどといった参加国が増えれば、順位は下がったっておかしくないのであって、得点力そのものは、それほど下がっていないんです。しかし、こういうことにあおられて、学力とは何かというところでいうと、やっぱり、テストの順位であり、得点力というデータということになったんですよ。今の文科省も。

茂木　文科省自体がそうとらえているんですか。マスコミだけではなくて。

尾木　ええ。文科省は、例えば、6年生でこれだけのことを教えて下さい、ということを学習指導要領で決めていまして、それがどれくらい達成できたかということを「学習指導要領実施調査」で検証はするんです。約70―75％は達成して欲しいということを言って、それの経年調査をすると、それでは下がっていなくて、むしろ上がっているんですね。でも、そういう声はかき消されていくんです。メディアの世界では。だから、実際にはそんなに下がってはいないんだけれども、全面的に学力低下と言われたのは、ＰＩＳＡの学力調査の結果が読解力は8位から14位に、数学は1位だったのが、6位に落ちたことからなんですね。ですから、あくまでも順位にこだわってきたんです。それから、平均点などという、得点力です。現場では学力をそうとらえていますね。

茂木　なるほどー。僕のような、脳科学をやっている立場からしますと、個性というのがすごく大事な気がしていまして、この間、精神科医の名越康文さんとお話ししていたら、彼は、関西の進学校の200人中、198位だったんですって（笑）。統計の分布でいうと、ガウス分布の両端って意外と面白い人がいるんですね。僕は、尾木先生ほど臨床教育の経験はないんですが、例えば屋久島おおぞら高校という、少し登校拒否の経験のあるような子どもたちが来ている、屋久島の高校に行くと、一人ひとりがすごく個性的で、教育エリート校みたいな所に行くよりも面白かったりするんですね。

個性ってどうはかれるのかというと、これは結局、点数化も、偏差値化もできないんです。計測するっていうことは、科学者の立場として肯定するんですが、その数字が一人歩きすると全然違ったものになってしまうじゃないですか。尾木先生もそうですよね。尾木先生の個性って、尾木ママっていうところも含めてであって、恐らく、教育評論家の方がたくさんいらっしゃった中で、尾木ママほどブレイクして、社会的に認知されて、影響力を持った方っていないと思うんです。そういう意味でいったら、個性って点数化できないですよね。そのことを前提に学力テストをやるならいいんだけど、なんか点数が一人歩きしちゃってますよね。それどころか、それが学校の評価に使われたりだとか、先生の評価に使われたりしている。なんかおかしいですよね。

尾木　そうです。それに、それがまるごと子どもの評価になっていますから。子どもにまで全部その順位を明らかにしようと言っている自治体もあります。

茂木　実際そうなっているんですか。

尾木　そうなっていると思いますね。

茂木　そういえば大阪で、学校別の点数を開示する例がありましたね。

尾木　文科省は最初ブレーキを掛けていたんですが、今度政権も代わったので、今後どうなるかわからないです。全国一斉に公開するイギリス方式をとることはないと思うんですがね。

茂木　イギリスなんかでもかなり、表面上だけお化粧するといったような操作が行われている、と批判が起こっていますよね。

尾木　そうなんですよね。イギリスだけでなく、日本国内でも、得点を挙げるための不正が行われることが多々あって、特に東京の足立区などでは大規模に行われて、校長が更迭された事件までありました。

茂木　本末転倒というかね。

尾木　これは、学校選択の自由の制度がからんでくるんで、学校にとっては死活問題ですね。校長だったら生き延びるためにやってしまう気持ちもわからなくはないです。

茂木　そうかそうか。平均の低い学校だったら、選ばれない、ということですね。

尾木　そう、保護者が選びません。学力テストの結果が開示されたら、それを学校選びの資料にするわけですから。

生き生きしてない日本の子どもたち

茂木　尾木ママとは違う意味なんですが、僕も、テレビの中で色々仕事をさせて頂いていて、その過程で、いろんな本を作らされるわけなんです。作らされるって変ですけど、僕が言いたいことと、世間の需要がずれているということにずっと悩んでいたんです。僕は、最近、『脳を最高に活かせる人の朝時間』（すばる舎）なんていう本を作らされたんですが、朝どういう風に時間を使うかなんて、僕、まったく興味がないのに、作らされる、そうすると意外と売れるんですよ。なんでなんだろうって、この間、名越さんと話していたら、僕にとっては当たり前なことが、世間にとっては当たり前じゃない、っていうことに気がついたんです。僕、朝起きたら、その瞬間に、ベッドサイドにおいてあるノートパソコンをパッとあけて、猛スピードで仕事始めるんですよ。朝起きると、嬉しいんです。今日も尾木先生に会えるし。今日何が起きるんだろうって。それが当たり前だと思っていたから、朝時間活用っていったって、面白くも何ともないって思っていたんですが、**名越さんから、日本の子どもたちのかなりの割合が、朝どんよりしているって聞いて、驚いてしまった。**

尾木　確かに、どんよりしていますよね。だから結局、早寝早起き朝ごはん「運動」になるんです。これ、文科省が音頭をとって、取り組みの本部まで持っています。

茂木　それで、なんでだろう、って話をしていたとき、結局、**今の子どもたちは、すごく傷ついている、と思ったんです。**点数主義とかによって。

尾木　そう！

茂木　逆にいうと、朝の活用どうするかって言わなくてはならないほど、子どもたちって生き生きしていないってことなんですよね。

尾木　生き生きしていないんですよ。実は、国際比較しても、**日本の子どもたちは突出して、生き生きしていないんです。**２００７年に発表になったユニセフの調査で、先進諸国の子どもたちの「幸福度」を聞いたものが有名ですが、「孤独を感じる」と答えた15歳の割合が、回答のあった24カ国の中で一つだけ突出した国があって、29・８％だった。それが日本です。平均７・４％で、第2位はアイスランドの10・３％。一番低いのはオランダで、２・９％でした。日本はどうなってるんだと、国際的な会議でもものすごい話題になりました。日本の子どもは自己肯定感がものすごく低い、というのが大きな特徴です。小学生も、中学生も、高校生も。

「偏差値」「高校入試」は子どもの心への傷害罪

茂木　尾木先生、僕ね、怒りすら感じるんです。**僕がずっとネットなんかで、偏差値受験を批判**

しているのは、子どもたちの心の傷害罪でうったえてやる、と思っているからなんです。

尾木　うわ、うわ、もう、ほとんど感覚は一緒ですね。**僕がこんなに本出したり、テレビに一生懸命出たりしているのも、一つは怒りからです。これをちょっとでも伝えなきゃって。それで面白いんですが、僕は前は、教育評論家で、固いことを一生懸命言ったり書いたりしてきたんですが、「尾木ママ」になって「ママ語」で話すようになったら、みなさんに伝わるようになったんですよ。**

茂木　それ！なんでですかね。きついことをいってもね、新宿2丁目のママたちもだけれど、女の人の言葉でいうと、伝わっちゃうんですよね。

尾木　今まではね、頭で一生懸命考えたことを、音声化して伝えたり書いたりしてきたんですけど、今は、心で感じたことを音声にしているんですよ。そしたらね、みんな、わかったー！っていうんですよ。

茂木　みんな傷ついているんだと思う。僕は、たまたまテストで測れるようなパフォーマンスはずっと高くて、偏差値もずっと高かったんだけれども、中学生の時に原体験があるんです。同級生が、小学校から上がってくる時って、みんなかわいい顔をしているじゃないですか。ところが、中学1年、2年というたった2年間ですごくすさんでいった。僕の同級生の関根というやつは、いつも煙草を吸いながら、火を付けていました（笑）。枯れ草とか、いろんな所に。僕は、関根と一番仲良くて。関根は結局、消防士になるんですけど。火を付ける側から消す側になったんです（笑）。ただ、中学1、2年のときに、関根がどうして、ああいう風にぐれていったのかということを考えると、**中学から高校になるときに、偏差値で選別されていくんですよね。あれがひどい。**

尾木　**そう！　ひどいんですよ！**

中・高は一貫でワンセット。入試で分断してはダメ

茂木　このシステムは、頭がおかしいと僕は思っているんですが、それをみんな当たり前だと思っているでしょう？

尾木　ええ。でも、高校で入学試験なんてやっているのは、中国と日本ぐらいしかないんですよ。僕らの専門領域からいいますと、**本来中等教育というのは、中学と高校の6年間を指して、この二つを分断するということはありえないんですよ。**6年間を通して、どういう風に発達させるのかを考えなくてはならないのに、どうして、ここで切るんだという感じなんです。

茂木　なるほどー。

尾木　終戦直後に、日本の新制中学がスタートして、高校の制度ができたんですが、そのときは、高校入試をやる予定ではなかったんです。我が国としては。それは理論的にはやるべきではない

というこことがわかっていたけれども、終戦直後の経済的に困難な状況であったから、悪いけれども入試をやらせてくれ、という意味でやったんです。それが、いつの間にか、入試はやるもんだ！という風に、文科省もすり替えてしまったんです。

そもそも、高校入試はやるものではないんです。中学高校はワンセットで考えるべきなんです。それでなければ、思春期の心の動きや発達を受けとめてケアしていくことはできないんです。

茂木　そうなんだなあ。

尾木　僕は以前海城高校に勤めていたことがあるんですが、中高一貫校なんです。中学高校の6年間生徒をみていると、すごい。本当に〝子ども〟から〝大人〟になっていくんですね。一気に。中学1年生の授業をやって、高校2年の自分のクラスにもどってくると、まるで別世界です。私の話し方から、黒板に書く漢字の大きさまで、全部変わってしまいます。そういう中にいると、教師の方も、人間の成長とか発達というのは、こんなにゆったりとしていてスケールがでかいものなんだと感じるから、中学1年の時真面目だった子が、高校生になってたとえ一時期ぐれたとしても、その先の成長・変化がイメージできるから、そんなに慌てないんです。でも、今ほとんどの中学校と高校は分断されていますから、高校入試という〝脅し〟がかけられて、中学校がどんどん管理主義に陥ってしまっている。だからこそ、15歳で子どもたちが自己肯定感を持てなくて、寂しさを感じるようになってしまっているんです。

茂木　トラウマになりますよね。

尾木　**30代40代の大人を見ていると、みんなトラウマだらけという感じがします。**

茂木　**中学3年間って、人生でも最悪の時期だったたって、僕は今でも思いますね。**

尾木　わあ、そうなんですか。

茂木　僕の感覚でいうと、尾木先生のおっしゃったことって、すごく納得できるんです。僕は勉強ができましたが、関根はまあ、勉強が苦手で。ところが、関根君は、林間学校とかでカレーを作ったりすると、一番リーダーシップがあるわけです。いわゆるペーパーテストができる子が、みんなを率いていく力があるわけではないんです。よく、その頃女の子にいわれていたものですよ、「茂木君、女の子って、ちょっと不良ぐらいの男の子が好きなのよ」って（笑）。

それは今考えると、すごくよく分かります。**優等生って、結局、社会のこういうことをやると誉められるってことがわかっていて、それがやれるから、自分と社会の関係をそんなに深刻に考える必要がないんだけど、関根みたいなやつは、13とか14歳で、一人対社会という形で向き合うわけでしょう？**　そうすると、そこで人間が鍛えられるというか、そもそも社会って何なんだろう、どうやって人は人を評価するんだろう、ってことを考えるようになるから、女の子からすると頼もしいというか、かっこいいんですよね。

尾木　なるほどー。

茂木　そういうやつが、大人になると、例えば、関根なんか、消防士になって、幹部になっているんですよね。きっと消火活動でも、先頭に立って、元気にやってんじゃないかと思うんです（笑）。社会ってそういうものじゃないですか。**僕は、尾木先生のおっしゃるように、3年3年で分断しちゃって、別々の高校に振り分けていくより、高校3年間も関根と一緒でもよかったな、って思います。**実際には数学とかだと、段々大変になって、数学の時だけ別々のクラスに行くとかいうことはあるかもしれないけれども、別に、体育や音楽は同じでいいわけだし、なんで高校の時にああやって、振り分けられるのかということが、気持ちの問題としても、未だに納得いかないです。

尾木　多分、効率がいいんだと思うんです。本当は、茂木先生がおっしゃったように、同じ教室の中に、いろんな学力の子がいていい。コース的に色々あって、数学が苦手な人と得意な人、というように、**選ぶのは、生徒の側であればいい。それを大人の方が勝手に、入れ物で振り分けてしまっているんです。君たちはこの高校、この入れ物だ！って。それも、偏差値という一つの指標で輪切りにして。これがおかしいんだと思うの。**

ハーバード大学に偏差値は「なし」

茂木　ですよね。僕は一昨日ボストンから帰ってきたんですが、ハーバードって名門大学ってイメージがありますよね。面白いんですけど、日本のグーグル検索で、ハーバードって入れると、示唆される検索ワードがでてくるじゃないですか。一番多くの人がその組み合わせで検索しているっていうワードが。日本で、ハーバードって入れると、何が出てくると思います？

尾木　なんでしょうか。

茂木　偏差値、って出てくるんですよ。

尾木　えっ！　そうなんですか！

茂木　でも、**アメリカの大学入試って偏差値ってないんです。**日本人にはこれが理解できないんですよね。ハーバードって、確かに数学のすごい天才も行っていますが、そんなにペーパーテストができない人も行っているんです。要するに、ハーバードが求める学生像はあるんですが、それは、偏差値で測れるものじゃないんです。日本人には、そういう学校の成り立ちが理解できないんです。**偏差値による選別って一体何なんですかね!?　これをそのまま受け入れている日本の教育関係者って、どう考えてもおかしいです。**

尾木　本当にそうです。そこに僕たちは住んでいるんですよね。

茂木　尾木先生がそういうことを言われると、周りの方はどういう風に受けとめるんですか？

尾木　理想論を言っているとしか、聞こえないみたいです。そんなことを言っていたら、国が滅びるみたいなことを言われてしまいます。

茂木　いや、いや、いや、逆だと思います。
尾木　そうですよね。
茂木　偏差値による高校入試っていうのは、昭和30年代くらいからだったんですか？
尾木　選抜するよと上から目線の政策に切り替わったのは、そのくらいからですね。
茂木　もともと、偏差値って、高校入試かなにかの時に、合否を判定しやすいように、どこかの先生が考案されたのですよね？
尾木　桑田昭三さんが開発したんですが、僕が偏差値の第一世代くらいです。大学入試から使い始めたんです。(2)
茂木　そうですか。尾木先生、いまおいくつでしたっけ。
尾木　僕は66歳です。１９４７年生まれで、大学受験は、65年位ですね。
茂木　１９６５年くらいから、偏差値っていうことが言われるようになってきた。
尾木　そうです。こんなに席捲するようになるとは思ってもいませんでした。
茂木　だって、僕が、色々な高校に講演で行くと、河合塾とか、駿台の、学部学科による偏差値一覧表みたいのが必ず貼ってあるんですよ！　こんなの全部破いて、マジックかなんかで塗りつぶせっていつも思っているんですが。頭おかしいですよね。
　日本の学生さんて、ほとんどの人があれを通るので、多分大学に行っても、相手の学部とか学科を聞いて、「あ、俺の学科の偏差値はこれだから、あいつは俺より二つ下だ」とか無意識のうちに思うようになるんですよね。馬鹿です、そんなのは。

尾木　全国共通テスト(3)（現在の大学入試センター試験）ってありましたよね。あれのときに、農学部から、文学部まで、全学部フラットになってしまって、これは怖いなっと思ったんですが、その通りになりましたね。それまでは、例えば、農学部では、この大学がトップだ！とかそれぞれ個性があって、僕は農学部に行きたいんだ、僕は文学部に行きたいんだ、文学部だと明治はこういう特徴があって、早稲田はこうだから、という風に、みんな個性で選んでいた。それが共通テストで、偏差値のランキングがたーっと出るようになって、自分の志望とは全然関係ない学部までのぞけるようになったわけです。それで、「あれ、俺ここ受かるジャン」となってしまった。あれは、ものすごくよくなかったと思いますね。

茂木　僕は、銀行強盗に捕まって人質になった人たちが、そのうち銀行強盗をいい人だと思うようになるという、ストックホルムシンドロームというのがありますが、日本の子どもたちって、どうも、ストックホルムシンドロームになっている気がします。だって、**もともと偏差値だとか、点数だとかで、自分を決めつけるなんて、とんでもなく非人間的なことですし、しかも科学的に正しくないことなんですから。**

尾木　そう！　そこなんですよ。

茂木　能力って例えば、アインシュタインなんか、落ちこぼれでしたし、大学も1回失敗しています。スティーヴ・ジョブズに至っては、学力というものさしでは測れないですよね。よく尾木先生も批判されていますが、日本の国際競争力を高めるためには、学力を高めなくてはならないという議論がおかしいのは、スティーヴ・ジョブズみたいな人が育ったほうがいいんじゃないの？って思うからです。彼は別に成績はよくなかったし、どっちかというと落ちこぼれで、学校の権威とか管理に対して、ものすごく反発した問題児です。**本気で日本の国際競争力を高めようと思うなら、ペーパーテストで点数がとれる子より、個性のある子がどう育まれるか、ということを真剣に考えた方が良いと思います。**

尾木　本当にそうなんですが、なんでこうなっちゃったんですかねえ。こんなにも根深く。当たり前のことですよねえ。

社会から急速に〝孤立〟する教育委員会

茂木　僕、今度、尾木先生のお勤め先だった、海城に講演に行かせて頂くことになっているんですが、前から疑問なのが、**そうやって講演に行くと、まず印象的なのが、教育委員会っていうのがすごく変だってことなんです。**

尾木　（苦笑）　茂木先生から見て、どう変ですか？

茂木　なんか、学校の、教育委員会に対する気の遣い方みたいなものが変です。

尾木　ああ、なんか神様扱いみたいな。

茂木　僕がいつも疑問に思うのは、来賓をご紹介します、って、教育委員会の人が「来賓」になっていることです。来賓ってだって、同じ教育関係者なんでしょう。なんなんですか、教育委員会の持っている力みたいなものは。

尾木　教育委員会というのは、戦後の1948年にできたんですが、戦前の軍国主義教育がとんでもない方向に行ってしまったので、その大反省から、アメリカ方式をそのまま真似たんです。教育委員会法というのを作って、いわゆる政治権力が、教育行政には介入できないように、教育行政を独立させて、市長や知事が教員をクビに出来ないように、権限を全部、教育委員会が持つようになったんです。その中からいいものを作り上げていこうとしたんですが、60年たって、どうなったかというと、**その独立性が、社会の常識からも、市民の声からも、全てから「孤立」し、閉鎖的になってしまった。**人事も、外からの風が入らないから、例えば大津の事例でいえば、教育長には、代々あのいじめ自死事件が起きた学校の校長を務めた人がなっているんです。最初から決まっているんですね。どこどこの校長を務めた先生が教育委員会の何になる、という風に。だから密室であり、しかもヒエラルキーが確立しているんです。

茂木　人事権もあるんですか？

尾木　人事権もあります。

茂木　例えば校長の人事権も？

尾木　校長の人事権は、県の教育委員会が持っています。

茂木　簡単にいうと、教育委員会は体制側ということですよね。

尾木　そうですね。だから文科省が非常にやりやすいのは、県の教育委員会を押さえておけば、そこを通して市区町村の末端まで指示を浸透させることが出来るんです。

茂木　軍隊みたいな組織ってことですよね。

尾木　軍隊以上じゃないですか。自らそちらのご意向を伺うという感じですから。

教育委員会は解体すべし

茂木　よく僕も、そんなに文句を言うなら大学作っちゃえよ、とか色々言われるんですが、大学作るって、日本だと文科省の許認可で、大学設置基準とかがあるんですよね。諸星先生と尾木先生の対談本（『危機の大学論――日本の大学に未来はあるか？』（角川ｏｎｅテーマ21））を拝読したときに、面白いなと思ったんですけれども、アメリカは大学を勝手に作っているそうですね。アメリカのことを調べてみたら、アメリカは、国が統制するっていうのを徹底的に嫌うから、大学の相互間での取り決めだけ、つまり、ここの大学でとった単位はうちの大学でも認めるよ、みたいなことが決められているだけなんですよね。しかも、そういうネットワークで認められていなくても、勝手にやっている大学がある。それがすごく面白かったんです。アメリカの教育委員会ってもともとはそういうイメージですよね。

そもそも、日本の学校で使われる教科書が検定教科書であることなんか、僕が文科大臣だったら、初日に廃止しようと思っていますけれども、アメリカだったら、それこそ南部の諸州なんか、進化論だけでなくて、創造論も教えるような教科書を教育委員会が作ろうと思ったら、作るわけでしょう。**それくらい自主性、自律性があって、そういうものだったら、教育委員会も良いけれど、今の日本の教育委員会って、文科省から号令して、それをすみずみまで行き渡らせるだけですものね。**

尾木　「伝達講習」というんですよ。

茂木　伝達講習って何ですか？

尾木　学習指導要領が変わったりするでしょう？　そうしたら、これはこういう意味なんだということを伝えるために、文科省が各都道府県の教育長を集めて講習します。すると、今度はその教育長が自分の県の市区町村の教育長を集めて、それをそのまんま一言一句変えることなく伝達するんですよ。それで、今度はその教育長が各校長を集めて「伝達講習」するんです。その時に質疑応答は無しなんです。

茂木　議論は無しなんですか⁉

尾木　ええ、無しなんです。これはどういう風に理解すればいいんですか？などと質問すると、「さっき、お話ししたとおりです」と。つまり、テープレコーダーがずっとまわっているような感じで、下まで下りて来るんです。

こんなことやっている国はないです。異様でね。**僕は教育委員会は1秒でも早く解体し市役所の保育課とか水道課のような一部局にして、実務のみ行うように簡略化した方がいいと思っています。**とりあえず解体してからでないと、議論もできない。とても乱暴ないい方だから、みんなに批判されるんですけれども。

茂木　いやー、それで僕が行くとああいう感じなのかあ。僕は、前から、教育長というのもよくわからなくって、なんだかえらそうにしていて、教育哲学みたいなのも感じられないし、個性がないっていうか。

尾木　それから、僕が講演しているときに、表情が動かない人が多いから、不気味なんです。ですから、僕はたとえ１０００人の中に一人の教育長がいてもすぐにわかりますよ。

学校を作る自由があれば多様な実践が生まれるのに

茂木　ロボットみたいだな。僕がいつも日本の中で問題だと思うのは、本当の意味での競争がないということです。つまり、アメリカみたいに、進化論を教えるところと、創造論を教えるところがあっても良くて、異なる教育カリキュラムが競争したら、どっちがいいかって、なんとなくそのうちわかってくると思うんですよ。日本の場合、教科書が検定だし、いまおっしゃったように「伝達講習」だし、本当は**そんな標準化よりも、大事なことがあると思います**。

尾木　そうなんです。日本で今、選択の自由、みたいなことが小学校でも中学校でも、流行っていますけれども、選択の自由っていったって、作られているものはほとんどどれも違わないんですよ。

茂木　選択してないですよね。

尾木　選択のしようがありません。だから、僕は、学校作る自由が欲しいと思っています。それがあったら、もしかしたら、生徒が集まらなければ潰れるということはあるかもしれないけれども、オランダなんかは、２００人集めれば学校をスタートできるようになっています。１００％資金から土地から建物から全部もらえて、「公設民営」みたいな感じなんです。

茂木　いいですね！

尾木　デンマークなんか、28人から学校作れるんです。それでも費用は公費から75％も出るんです。初年度は全員集まらなくても12人からでいいんです。**つまり、学校を〝作る自由〟があるんですよ。これがないところで、創造的な教育実践なんかできるわけがないんです。**

茂木　ですよねえ。

尾木　例えば、びしーっと管理したような学校の方がいいというのなら、そういう学校を作ればいいんです。

茂木　ああ、それはそれでね。

尾木　そうです。茂木先生と私のように、個性豊かな学校の方がいいというのなら、それはそれで作ればいいんです。そうしてある意味で切磋琢磨すれば、結果は自ずとでてくるわけでしょう。個に寄り添って、その個をのばしていく、ということは今まったくできていないんです。最初からあるべき姿ってのがあって、そのイメージの中にいかに押し込めていくのかというのが現在のやり方です。僕はやり方がまるで逆だと思っています。

茂木　ちょっと待って下さい。僕ここで聞きたいことがあるんです。まず、尾木先生は、早稲田を出られた後、すぐに海城に行かれたんですか？　海城って私立で進学校ですよね。ということは、そこは意外と自由な校風だったんですか？

尾木　いや、僕が勤めたときは、結構厳しかったんです。元々は海軍の予備学校でしたから、当時は体罰を平然とふるう先生なんかもいました。僕はそれに大反対していましたから、ラジオなんかで話題になったこともありました。海城で変わった先生が出てきて、先生同士が激突していると。

羊みたいな教師ばかりの教育現場

茂木　僕ね、根本的な疑問があるんです。例えば、教育委員会だとか、検定教科書なんかがあって、**僕がもし教育の現場にいたら、ものすごくうるさい教師になっていたと思います。**教育長とかが変なことを言ったら、ふざけんなって、今だったらフェイスブックとかツイッターとか使いまくって騒ぐだろうし、処分を受けたら、裁判所に訴えたりすると思うんです。

よくわからないのは、例えば、この間、東京のある先生たちと飲んだんですが、大げんかしちゃって。その先生たちが僕に文句を言うんです。東京都の教育委員会がいかにひどいかってことを。日の丸とかの問題もそうだけれど、アメリカは、星条旗を燃やす権利だって認めている。アメリカくらい星条旗を大事にしている国はないわけですが、それでも、星条旗を燃やすことは表現の自由として認められている。ところが東京都教育委員会は、日の丸のとき起立しろとか、足の悪い人はどうするんだって感じで、ナンセンスなことを確かに言っています。それで、先生方が僕に文句を言うから、僕は、逆ギレして、なんで俺に言うんだ、なんでみんなが現場で文句を言って変えようとしないんだって、怒ったんです。

みんな従順なんです。羊みたいに。あるシステムがあったときに、なぜ尾木先生みたいに、それに対して異議申し立てする人と、羊みたいに従順な人がでるのかということがわからない。学校の教育現場って、羊みたいな人ばっかりですよね。あれは、なんでなんですか。

尾木　本当にそうなんですよね。僕は耐えられなくなってやめてしまったんですが。結局責任逃れを口にするんです。教育長が決めた、とか、文科省が悪い、とか、校長が命令しているんだ、とか。でも、自分がイヤだったら反抗すればいいんです。40人の教員がいて、40人全員がおかしいですよって反対すれば、ひっくりかえっちゃうのに。上が決めたという論理ですね。軍隊で、人を殺さなければならない立場におかれたとき、決して自分の意志ではないんだ、上の命令に従っただけなんだ、と思い込むと人間、人を殺すこともできるというあの有名なミルグラムの実験と同じ心理なのかしら。

「文句を言う人」をつくるのが教育

茂木　ミルグラムが出てくるところがさすが、インテリだなと感じます。ミルグラムは、すごく面白い人で、スモールワールドネットワーク、つまり、友だちの友だちという形で6人くらい経由すると、世界のどんな人にもたどり着けるという、あの実験をやったのも彼です。あの人は天才的な人でしたが、早くに亡くなってしまいましたね。

それはそうと、**僕、間違ったシステムがあったとき、羊のように従順に従うのではなく、文句を言う人をつくるのが教育だと思うんです。**そうじゃないと物事は良くならない。それに、国際的に見て、今、日本がすごく変な国に見えているのは、日本人が従順だからではないですか。変なことがあっても黙って我慢しているからですよね。

尾木　怖いと思いますよ、他の国から見たら。こんな怖い国ない。

茂木　怖いですよね。どっかで、従順にしなきゃだめだという態度を植え付けられているということですよね。どこで植え付けられているんですかね。

尾木　それがしかもどんどんひどくなっているんですよね。評定の問題とかね。

茂木　評定以前かもしれませんね。いつぐらいからなんですかね。だって生まれたときはみんな……。

尾木　歴史的に言えばね、かつては文部省（当時）と対立する団体がありました。その日教組と、文科省とが和解したのは、１９９５年です。それで、正面きって反発する機関がなくなったんです。面白いと思うのは、僕も現場にいるときは日教組の組合員だったんですが、そこでもまた、自分たち一人ひとりの意志で決めているんじゃないんですね。県の組合の執行部で決まったことが、その下の、市の組合に下りてくるんです。ここでも、ある意味で「伝達」なんです。

茂木　日教組も、ある意味では軍隊的な組織だったと。

尾木　だから教育委員会と似てくる。閉じた中で、市民や親の声を拾わないで組織内で上から下へ降ろしていくから。だから、トップが、文科省と仲良くするよ、と言った瞬間に、みんなぐたっと崩れたように主体性を持てなくなったんです。そんなおかしなことないですよね。

茂木　もともと主張していたことに、本当に意味があるんだったら、そんなことはないということですよね。

尾木　だから、僕がお母さんたちにわかりやすく言うのは、僕はあんぱんが大好きなんですけど、今はこしあん状況なんだと。本当は、粒あん状況で、一粒ひとつぶが独立していて、それでいてそれらが結束して味を出しているというのでなければ、おかしいということなんです。

茂木　ふふふふ。

管理教育が日本をダメにしている

茂木　僕、以前から教育の素人として不思議だったのは、日教組というのが目の敵にされていることだったんですが。

尾木　目の敵にする必要がないくらい、今では弱体化してしまっています。本当は大変不幸な事態で、民主主義の根幹にかかわる問題なんですけど。

茂木　僕が、なんであるシステムがあったときに、それに対して反抗する人がいないとまずいと思うかというと、例えば、ジョブズってそういう人だったからです。伝記を読んでいると、彼はむちゃくちゃで、いたずらしまくるんです。小学校の時か、中学校の時か、今日はペットをつれてくる日、とかいうポスターを学校に勝手に貼ってしまって、次の日になったら、みんなが犬とか猫とか連れてきて、学校が大パニックになった。

尾木　ははははは。

茂木　そういう人じゃないとアップルコンピュータなんか作れないんですよね。今、日本の家電メーカーは全部ダメになっちゃってるんだけど、既存のものを受け入れておとなしく従っている人ばっかりだったら、斬新な商品なんか作れないです。**実際に文科省がやっている、管理、統**

制教育というのが日本の国益を損なっているんですよね。付加価値を生み出せないような人しか作っていないわけですから。なんでそれに気がつかないんですかねー！

尾木　本当にそうなんですよ、このままじゃ本当にまずいです。日本の教育は沈むばかりです。

すでに日本の教育は富裕層からダメ出しされている

茂木　尾木先生、僕最近、すごくショックなことがありまして。G1サミットという、経営者などが集まっている会議があるんですね。堀義人さんという人がやられている。そこに来ている人たちは本当のお金持ちです。つまり、自分で会社を創業したような人たちが来ているんで、楽天の三木谷さんとか、そこまで行かなくてもかなり資産的に余裕のある人たちなんですね。その前で僕、日本の教育はまずいみたいなシンポジウムをしていたんです。そしたら、会場の方々がぽかーんと、あんまり興味がないみたいな感じでいらしたんですね。なんでかおわかりになりますか？

尾木　なんでなんでしょう。

茂木　これが意外とショックだったんですが、そういう資産的に余裕のある方々は、そもそも子どもたちを日本の学校に送っていないんです。うちの子は、アメリカの高校へ行っているとか、スイスの寄宿舎学校へ行っているとか、日本でもインターナショナルスクールに通わせているとか、もう**日本の文科省の教育が、いわゆる富裕層にはダメ出しされているということなんです。**まだ、進学校に行って東大に行くみたいなのは、おとなしいというか、日本の良心的な市民の層だと思うんですが、本当に世の中見えてしまっている人たちって、日本の教育を最初から相手にしていなくて、全部丸捨て。ショックでしたねー、僕。

尾木　いやー、それすごいですね。僕もね、この間保育園とか幼稚園を5、6カ所見てきたんですよ。そうしたらね、全然ダメね。

結局日本では、頑張っている所ももちろんありますけれども、基本的には、その子をどう伸ばすのか、その子を大事にする、そういう一人ひとりが集まって30人がいる、という思想じゃなくて、30人が一斉にこういう風に動きなさい、という形ありきになってしまっているんです。見学したインターナショナルスクールなんかでは、5歳から小学校1年生が始まっていて、国語の教え方や数学の教え方も個性的で面白いです。体系立てて、本質に迫っていく教え方をする。でも**日本は、例えば、大手の有名学習塾なんかも典型的ですが、ステップアップ方式ですよね、小学校6年間で教える範囲というのが決まっていて、それが例えば50段階に分けられていて、それを順番にマスターしてかけ上がっていく、という感じです。だから、6年生で習うことを3年生ですでにやってしまっている、ということがあったとしても、スピードを早く駆け上がっただけで、**

本質的なすごさではないんです。ただ、インターナショナルスクールは、学校として認定されていないの。

茂木　そこですよね。

尾木　高卒認定試験なんか受けて、大学に行くより仕方がないのか、でも、大学は海外に出るだろうな、とか思ったりして。

茂木　G1サミットの富裕層の方とか、尾木先生みたいに教育のことをよくわかっていらっしゃる方は、そういう風に動いたとしても、ごく一般の日本の方々は普通の小学校、中学校、高校に行かれるわけなので、そこをなんとかしないとなあ。

尾木　そう！　地理的な条件が、東京だから、そうやって選べるんです。地方だったらできないです。経済的な条件ももちろんありますし。

日本のエリートはニセモノか?!

茂木　僕は、さっきも言ったように、落ちこぼれの中にもすごく良い人はいる、と思っているんですが、逆に、エリートのイメージも大事で、**僕は、日本の中のエリートって全然エリートじゃないと思っているんです。**早稲田の国際教養学部というところで、英語でBrain and Cognition

という授業を8、9年やっているんですが、初年度にやっぱり衝撃的な事件がありました。これは、波頭亮さんという私の親しい経営コンサルタントの方に伺ったんですが、アメリカのアイビー・リーグの学生は卒業するまでに、本を500〜600冊くらい平均して読むそうです。僕が、この間ハーバードに行った時、マイケル・サンデルさんのリーダーという授業があって、それは、ジョン・ロックなど、色々な思想家の正義についての文章を読まされる授業でした。僕の大学での教育の感覚って、それぐらい読まないと学問って追いつけない、という感覚なんです。ところが、日本の学生には、そういう体力がまったくない。**そもそも、そういう教育を受けてないし、センター試験みたいな、こまこました、どうでもいいような試験の点数をいかにあげるかということばっかりやっているから、そういった構えの大きい知への興味がないんです。**

尾木　ない……。

茂木　それで、僕、その早稲田の授業の1年目に、すごく厚めの専門書なんだけれども、この本、面白いから読むと良いよ、と学生に紹介したんです。そうしたら、次の週までに読んできた女の子がいて、びっくりしてしまった。日本人の、普通の、女の子なんですよ。それで、「おまえ、あれ読んだの?! すげえな、おまえ! どこの高校から来たの?」って聞いたんです。そうしたらね、スイスの寄宿舎学校だっていうの。日本の高校だと、いわゆる偏差値が高いといわれている所でも、そういう感覚で学問に向き合える学生は、いないですね。

尾木　確かに、いないですね。

茂木　**結論からいうと、ダメだってことです、日本の教育って。尾木先生、どうしたらいいですか！**（笑）

学びの〝ドキドキ感〟知らない大学生

尾木　僕この対談の後、大学でゼミなんですけれどもね、僕のゼミに入ったら、週に3冊は読んでもらいます。

茂木　それ厳しいっすね！（笑）

尾木　ついてくるのは、どうも厳しいみたいです。

茂木　**僕、現場の感覚というのをお伺いしたくて、今の大学生ってどんな感じなんですか？**

尾木　2年くらい前は、ごまかしながらも何とか、3冊というのについてこようとしたんです。今は、最初から3冊なんて無理です、と言われてしまって。自分からくらいついていこうという意欲があまりないような気がします。僕のゼミは、臨床教育学ですから、フィールドワークをやらないと話にならないんですが、1年経ってもどこにもいけないような状況になった年もあります。今までだと、勝手にどんどん有志で月に2、3カ所は、僕が行かなくても、行っていたんですが、今は、僕が旗を持って「はーい、ついていらっしゃい」と言って連れて行くという感じですね。

茂木　学ぶ意欲が失われている、ということですか。

尾木　ええ。**中高で知的な学びにおけるドキドキ感をあんまり味わったことがないんじゃないかと思うんです。学ぶことによって、世界がぱっと拡がるような感じ、あの感覚、知的興奮を知らないんでしょうね。**

茂木　僕ね、それを、例えば「学力低下」だとか、「偏差値が何々の学生だからそうなんだ」みたいないい方で説明するのは、根本的に間違っていると思うんです。だって、そういう教育を彼らがどこかで受けてきたってことなんで、**全ての子どもには、知的好奇心があって、目を輝かせていた。つまり、初等中等教育のどこかで、そういう心を殺されている、ということで、彼らは被害者ですよね。**

尾木　本当に被害者です。うわぁ、これは大変な問題、どうお答えしようかなあ。

茂木　僕、いわゆる中等教育の教科の成績と、大学での学びが、そんなに相関するのかな、と前から疑問に思っているんです。日本の大学入試の問題って、教師の側が、手っ取り早く選別できるような問題になっています。例えば、早稲田の政経って意外と難しいと言われているけれども、その入試問題をネットで見てみたら、五つくらい資料が並んでいて、この資料を年代順に並べろ、とかいう問題が出ていたんです。それってどういう意味があるの？歴史の思考力と、どう関係するの？と思ってしまうような問題でしょう。**そういう問題で入った学生が、いわゆる「偏差値の高い」学生で、そういう問題がダメだった学生が、「偏差値の低い」学生だと言うなら、その能力の差って、何の参考にもならないと僕は思います。**「偏差値が低い」と烙印を押されている学生の中にも、本当は、学ぶ意欲や、分析能力があれば、いくらでも伸びる子がいるはずだと思うんです。あんな程度の入試で選別されているんだから。だけど、どうして、やる気を失っている子が多いのか。

尾木　ここのところ急速なんです。階段を落ちるように、どんどん、意欲がなくなっていっているんです。

茂木　どうしてなんですかね。

尾木　よく、学力低下の原因がゆとり教育であるかのように言われますが、それは違っていて、「学力観」を変えたところが一番大きいんです。新しい「学力観」による学習指導要領、教える体制に変わったということが背景にあります。

茂木　なるほど。

学力低下はゆとり教育のせいじゃない！　真犯人は「新・学力観」

尾木　1990年初頭くらいまで、学力といえば、得点能力のことだったんです。中間テスト、期末テスト、小テストで全部満点を取ったら、通信簿には文句なく「5」がつくわけですよね。それが、この時期に、「関心、意欲、態度」というのが評価の最上位にきて、これまで最高の学力と思われてきた「知識・理解」が最下位にくるようになったんです。だから、テストの得点で満点を取っていても、先生に反抗的な態度があったり、授業中にあまり手を挙げなかったりしたら、「5」がつかなくて、一方で得点では80点でも、明るく笑顔で手を挙げているような子に「5」がつくようになったんです。つまり「関心、意欲、態度」が最も大事だと。純粋に理論化したときには、その通りかもしれません。人間の学力というものは。けれども、それが現場に降りたとき、あの子は生き生きと手を挙げるから、とか、提出物をいつも前の日に出すから、とか、そういう所で評点がつくようになってしまったんです。

これも変な例ですけれども、僕が現場を辞めたのは1994年です。その直前の1、2年に新しい学力観が入ってきて、それで通信簿をつけなくてはならないということになって、僕は教務主任をやっていたんですが、お手上げ状態だった。つまり、これまでは得点で段階を切って、上から上位10人に「5」をつけて、という風に機械的にやっていたのが、「関心、意欲、態度」といった、内面の問題を評価しなくてはならなくなった。そんなのわからないですよね。それで研修会を開いて、教育委員会を呼んでも、やっぱりわからないんです。文科省からこう聞いている、というのを言われるだけで。それで、各現場が工夫したのは、もう冗談みたいなんですけど、出席簿を持って行くときに、座席表というのも一緒に持って行って、その座席の配置図の生徒の名前の所に、手を挙げた回数を「正」の字でチェックして記録していく、というやり方でした。まさに5回で「正」の字を書くようにしてね（笑）。それで、1学期トータルで見て、一番多かった子、しかも笑顔で手を挙げている子に「5」がつくようになったんです。1994、5年頃から、現場では急激にそうなっていったんです。

茂木　へーーーえ!!

尾木　だから、「関心、意欲、態度」というのが非常に話題になったとき、東京のある中学校では、生徒会の役員選挙をやったら、立候補者が91人も出た（笑）。それを全員が演説とかやるものですから、4時間かかったんですよ。それについてメディアからコメントを求められたことがありましたが、そういうウソのような状況になったんです。**学力低下したのは、ゆとり教育じゃないんですよ。「関心、意欲、態度」を得点力よりも評価の上位にすえてしまったことが一番の原因なんです。**ゆとり教育の理念は正しいと今でも僕は思います。実現しきれなくて、また「詰め込み」に戻ってしまいましたが。

茂木　うーん。

尾木　学力が低下してきたというのは、子どもたちが「関心、意欲、態度」で、表面的なところだけ合わせるようになって、自分の内面を出さなくなった、それが一番大きいと思うんです。そういう教育を受けてきた子どもたちが、大学に入ってきた年に、「中学時代に学校の先生に反抗したりするのは、とても悪いことだと思う人？」と聞いてみたら、300人くらいいた学生の3分の1くらいが手を挙げたんです。それで、「1年生は手を挙げて」とたずねてみると、ほとんどが「反抗するなんてとんでもない」と答えた人たちと同じ人たちだったんです。つまり、ほぼ全員1年生だったということです。彼らは「関心、意欲、態度」で評価されてきたから、先生にも反抗しなくなっちゃって、こんなに従順になって、入ってきてしまった、教育政策というのは大変な影響を与えるんだ、ということが、4年生にははっきりと見えたと思います。

茂木　面白いですね。

尾木　これはものすごい変化でした。そういった子どもたちが、今、大学を卒業して3年目くらいになっています。ここにいる、うちのスタッフがちょうどその世代です。彼女はそういうタイプとはまったく正反対ですが、「本当に、先生に媚びを売れば、成績が上がっていくんです」と言ってます。

茂木　え！　そんな時期があったんだ。考えられないね。それは狂っているな。

尾木　重大な変化が起こっているのに、国民の大多数は知らないままで、教育界という密室の中だけで進んでいるんです。それで、そういう人材が作られちゃって、彼らが大学生や社会人になってから、今の若者は変だとみんな文句ばっかり言っているんです。

教育は「国家統治の手段」?!

茂木　今の話を聞いていて、怖いなーっと思ったのは、全国一律でそれをやっているということです。

尾木　全国一律です！　面白いことに、今、私が勤めている法政大学では、私立から来た子が半分くらいいて、彼らは道徳教育を受けてきていないんです。受験教育をやっているから、道徳なんてやっていられなくて。それで、公立からの、道徳教育を一生懸命受けてきた子に、「道徳教育を受けてこなかった人たちを見て、どう思う？　不道徳な子はいるかい？」と聞くと、「みんなと変わりはないですよ」と答える。だから、道徳教育なんて授業をやっても、きわだった効果はあらわれないんです。

茂木　本当にその通りですよね。教育の自由みたいなものを、どうしても確立しなくてはならないな、と思います。定時制の高校を見学に行ったときも、昔の定時制とまったくイメージが違っていて、昔は、経済的な事情で学校に行けない子が、昼間働いて、夜に勉強する、という感じだったのが、今はもうそもそも、学校に馴染めない子が、最後の逃げ場所として、定時制に行っている感じですね。

尾木　不登校の子とか。

茂木　彼らに、僕がその時言ったのは、君たちは無理して学校に行っていたんだろうけれど、**学校には行かない権利があるんだよ**、ということでした。彼らはびっくりしていましたが。再びアメリカの事例になりますが、アメリカだと、ホームスクーリングをやっている子が100万人単位でいるわけですよね。**学校に行かないと、社会性がつかない、なんていうのは嘘です。**

尾木　そうなんです。

茂木　学校に行ったら社会性がつくというけれど、それこそ、尾木先生がよく研究調査されているように、いじめの問題があったりして、良い社会性じゃない場合があります。**家で教育することは、権利である。**このことは当たり前だと思うんです。**別に国のものじゃないから、教育って。**だけれども、そんな簡単なことでさえ、言うと異端扱いされる。

尾木　今、文科省関係の文書にも、教育には二つの目的があると書かれています。一つは、教育は国家の統治の手段である、もう一つは、個の発達を支援するものである、という意味のことです。だからやっぱり、国家の統治のために教育を使うんだ、と明確に書いてしまうほどの意識を、権力側は持っているんですね。どう統治するかで動いていってしまっている。僕らとしては、一人ひとりがどこまで成長していくのか、そうして育った力がみんなで地域を作り、国も作っていく、という発想なんですが、そうじゃないんです。だから、ある時期には文科省の「教育課程審議会」会長だった三浦朱門氏が5％のエリートと、残りは従順な労働者であればいい、といった主旨の発言をしています。さらに経済界なんかも、「天才、秀才、凡才、鈍才」なんて四つに分けていたことだってあるんです。

茂木　そんなことを文科省が書いているんですか⁈　そんな文書が表に出たら大変なことになりますよ。

尾木　文科省は直接は言わないんですが、関連の会議だとか、そういうところの議論で出てきたり、そこの会長が発言したりしています。僕も、本の中で何度か引用して批判したんですが、そういう恐ろしい人間観が、今の国のリーダー層にはあるんじゃないかと思います。

文科省がそこまで口を出すのか⁈

茂木　この間、ある政治家が、ＴＯＥＦＬを日本の大学は必須にすべきだみたいなことを言ったじゃないですか。僕は本当に驚いてしまった。さっきから言っている通り、大学が、国の号令のもとに、みんな一緒になる、というのがおかしいです。TOEFLを採用する大学があっても良いけれども、TOEFLなんか関係ないという大学があっても良い。なんでその政治家は、国が号令をして、大学が従うということを前提に、ものを考えるのか。その時点で、現代を生きる政治家として、失格だと思います。恐竜みたいな人です。

尾木　今おっしゃったことに関連することで、僕は、「道徳教育研究」という授業を大学で担当していたんです。そうしたら、「道徳教育指導」という名前に変えろ、と大学側から言われたんです。僕は、イヤだと言ったんです。だって、研究をする授業なのに、指導って、意味が全然違うから。指導だったら、どう指導していくか、ということを学生に教えるということになるでしょう？　研究だったら、指導も考えますが、一緒に考えていく、というスタンスです。そうしたら、担当の教授が、折れてくれ、と言うんです。これが通らなかったら、全学の教職課程が認められなくなるんだ、と。

茂木　認められないって変ですよ。

尾木　でも許認可権を文科省が持っているんです。

茂木　それが変です。

尾木　そう、ところが、実際にそれを拒否した大学があるんです。「道徳教育研究」のままでいく、と。そうしたら、文科省の役人が10人も、その先生の授業を視察に来たそうです。

茂木　ああ、いやがらせに。

尾木　はい、圧力をかけに。でも、僕は、本当に偉いと思った。僕は言われて、折れてしまいましたから。それより以前にはこんな例もありました。僕の大学では、生活指導という概念で、生徒の指導をとらえていました。生徒の人格の指導ではなくて、生活全般をとらえていくのが目的だったからです。それで、生活指導論という名で授業をやっていたんですが、そうしたら、生活指導論では認められない、生徒指導に変えろと言ってきたんです。そこまで、文科省の圧力は細かいんです。今、前期と後期の授業だって、15コマと決まっていますよね。

茂木　あれね、僕はいつも大笑いです。国民の祝日にもやっていますよね。

尾木　そうなんです。だから、僕は、国民の祝日には授業は原則やらない、と学生にも言っています。祝日は休み！　国民の常識の方が優先です。社会全体がその歯車で回っている。兄弟、親戚の結婚式なども休日が常識です。でも、みんな授業をやるんですよ。

茂木　そんなの小学生だって休みます。なんでそもそも、15コマとか、文科省のおまえらが決めるんだ、はっきり言って、おまえらそれほど見識ないじゃないか！　なんでそんなに偉そうにしているんだ！という感じですよね。彼らは選挙の洗礼も受けていないし、単なる官僚じゃないですか。普通の公務員ですよ。

尾木　本当ですよね。

茂木　アメリカの大学ならば、国の指導という概念があり得ないし、イギリスも、オックスフォードとかケンブリッジは、もちろん国からの研究補助金もあるのだけれども、自分たちの不動産がたくさんあるから、国なんか関係ないんです。イギリスの政府が何を言おうと、自立しているから、全然関係ない。だから、資金的な独立性というのも大事だと思うんです。**結局、国に財布を握られているところにも、問題があるんだ。**

尾木　なるほど。

茂木　だから例えば、私立大学だったら、卒業生からの寄付金だとかで、国からの援助無しでやれるんだったら、勝手にできるわけでしょう？

尾木　そういう風になればいいですけどね。

茂木　はははは、そうですよね。

大学の自治なんてどこにもない？

茂木　ひょっとしたら、認可とか、標準化とか、あるいは学力の補償みたいのを求めてくる親御さんもいるんじゃないかと思うんですが。さっき文科省が良くないという話をしたんですが、実は、国民がそれを支持している、という側面もあるんですかね。

尾木　確かに、自らそれを求めているような所があるかもしれませんね。教育行政の方で、自由裁量の時間とかを作ると、例えば、総合的な学習の時間というのは、自分たちで何をするか決めていいという時間になっていますが、そうすると全国の校長会から、例えばどんなことをするか事例を示してくれ、という声が出たりするんです。それで、仕方がないから事例集を作ると、今度は、それが教科書のようになって、その通りにみんながやるようになるんです。だから、文科省に言わせると、自由でいいと決めたのに、現場から求めてくるからどうしようもないんだ、ということになるんです。

茂木　でもさっきの、道徳教育研究から、道徳教育「指導」にしろとか言うのには、文科省の明確な意図があるんですよね。

尾木　そう変えなかったら、学生が誰も教員になれないようになってしまいます。

茂木　それは文科省の中の、初等中等教育局みたいなところの意向なんですかね。

尾木　でも大学の方は、高等教育です。だから、**官僚統制が、大学まで来ているということで、大学の自治なんかどこにもないような状況ですね。**

茂木　ちょっと困った話ですね。尾木先生みたいに、大学の教員をやられながら、他の所でも活躍されている、そういう方はいいんですが、大学にフルタイム（専任）でいる人たちは、すっごく不自由そうですね。僕の友人にもそういう人たちがいるんですが。僕は今、東工大とか、早稲田とかで教えていますが、フルタイムの大学の教員になるというのはイヤで、一応、ソニーの研究所にも席があったり、他の仕事もしたりして、とても中途半端な立場にいるんです。なんであんなに彼らが不自由そうなのか。大学って、もともと学問の自由で、楽しいところのはずなのに、聞こえてくるのは愚痴ばかり。普通の大学の先生は、本当に精神的にきついですよね。

尾木　めちゃめちゃきついです。本当に大変。僕は最初、中高の教員だったものですから、大学の先生は、大学の自治という中で、自由にしていらっしゃると思っていたんですが、大学に来てみたらとんでもなかった。

茂木　尾木先生も非常に懸念されていますけれども、日本の大学の権威は地に落ちてしまっています。その根源は、僕はやっぱり、統制ということにあると思うんです。要するに、教育と管理というものは、真逆ですし、研究と管理というものも、真逆なんです。**大学の機能を、研究と教育と見るとすると、管理してはいけないんです。**管理することによって、ますますダメになっていくんです。

尾木　打つ手、打つ手が、全部逆効果なんですよね。**それを、大学人はわかっているはずなのに、なぜ抵抗しないのか。**

茂木　よっぽど締め付け方が上手いということですかね。

ここで世界的な流れの話をすると、東大をはじめ日本の大学ってガラパゴス化していてダメだな、ということはなんとなくみんなわかってきているから、ハーバードとかスタンフォードとか、アメリカの大学に行こうというのが、日本の流れになってきています。ところが、アメリカでの議論を見ていると、もうそのハーバードとかスタンフォードとかいう大学でさえ、もうダメなんじゃないの?という話をしていて、**そもそも入試があって、学生が限られているということ自体が、もう古い、**みたいになっているんです。だから、ＭＩＴ（マサチューセッツ工科大学）のように、オープンコースウェアといって、全授業がネット上にある場合もあって、対面の授業も大事だけれども、そこは技術で乗り越えられるんじゃないか、という流れになってきています。ちょうど尾木先生と対談されていたオランダ在住の教育研究家のリヒテルズ直子さんが、日本はオランダの2周3周後れだっておっしゃっていましたね。日本の教育に関する雰囲気を見ていると、アメリカの大学に行こうっていっている時点で、時代後れになってしまっているような感じですね。ワンテンポずれているというか。

世界でも孤立？　日本の管理教育

茂木　尾木先生が人気があるのは、やっぱり表情がね、子どもの時の好奇心とか喜びとかを失ってらっしゃらない感じだからだと思います。そういう方の、教育哲学とか教育論は信用できますよね。ぶすーっとした顔でもっともらしいことをいわれても、まったく信用できないけれども。だって、学びって楽しいことだし。

尾木　僕はなんでもやりたくなってしまう性格なんですよね。「両生類ハイハイ」でも（123頁参照）（笑）。

茂木　尾木先生が信用されるのはそこだと思います。教育長がいうのがつまらないのは、つまらなそうにいっているからで。自分の言葉じゃないからです。でも、たまには良い人がいるんですよ。

尾木　そう！　人柄がよくって、温かい人もいるんです。

茂木　ああいう方がなぜ、自分の力、自分の色を出せないのかというのが……。

尾木　だからやっぱり、一度現在の教育委員会は解体した方が改革は早いと思います。文科省も管理・統制ばかりにこだわらないで一旦は解体した方がいいと思います。とりあえずは〝子ども省〟という風に各省庁横断的な組織にした方が動きいいはずです。今のままでは外からの風が入らず自由でユニークな発想も生まれないですから。

茂木　あるいは、道州制とからめて、分権化してしまうとかね。僕、幕末に適塾とか、松下村塾みたいな、地方にすごく自律的な学びの場があったことが、日本を救ったと思うんです。あの頃って、徳川幕府の藩の公式な学問所みたいなのもあって、そっちはあまり日本を救わなかった（笑）。

やはり私塾が日本を救ったように、**学びが多様であること**がすごく大事ですよね。

尾木　そういう点でいえば、私学が頑張らないといけませんね。あんな、履修科目名一つのことで、屈しているようじゃなさけないですね。けれども、そこを断ったら、文科省から10人視察にやってくるなんて、ものすごい執念です。本当はこういうことが、大きなニュースにならないといけない。

茂木　その根拠法令はなんなんですかね。

尾木　２００７年頃かな、大学の設置基準等が一部変わったんです。それに従わなくてはならなくなったんです。

茂木　教科の名前とかも文科省がコントロールしているんですか？

尾木　ええ。教職免許科目についてはコントロールしていますね。

茂木　へーえ。なんか……北朝鮮みたいな国ですね。

尾木　僕は、こういうときいつも、日本の友だちは、もう北朝鮮しかないかも知れない、と言うんですが、そうすると、みんなドキッとされるんですよね。

茂木　本当に孤立していますよね。

尾木　日本の教育は完全に孤立しているんです。

茂木　僕、尾木先生のご著書の中で面白いな、と思ったのは、**国連の子どもの権利委員会が、日**

本の状況に対して懸念を示しているんですよね。

尾木　２０１０年に国連子どもの権利委員会が総括所見で「高度に競争主義的な学校環境が、就学年齢にある子どもの間のいじめ、精神的障害、不登校、中退、自殺に寄与しうることを懸念する」と述べています。そして、残念なことに、実際その通りになってきてしまっているんです。

茂木　ああいうのって、どうして、報じられないんですかね。

尾木　**僕も大きく報じるべきだと思う。やっぱり報道機関のトップの人たちも、エリートなんです。勝ち組だから、一般の子どもたちの苦悩がわからないんだと思うんです。**テレビの場合、女性のディレクターだと意外と通じるんですけれども。男の人で、私立の中高一貫校で、そのままエリートコースにのってしまったような人は、話が通じにくいですね。

茂木　そっかあ……。

尾木　僕もあのまま海城高校の教員だったら、やはりわかっていなかったと思うんですね。

日本はエリート教育も落ちこぼれ教育も失敗！

茂木　そのテレビ局のエリートの方の話を伺っていて思うんですけれども、じゃあ僕がなんで受験の時意外と成績が良くて、普通に大学へ行ったのに、今みたいに疑問に思っているのかというと、二つあるのかもしれません。一つは、中学校の時の、あの関根みたいなやつのこと。もう一つは、それとはまた逆なんですけれども、日本の大学のその偏差値エリートって、国際的に見て全然エリートじゃないということを、20歳過ぎの時に、日米学生会議というのでアメリカに行って、1ヶ月間アメリカの学生たちとしゃべったことで、悟ったことがあると思うんです。全然見ている世界の広さが違った。それに一番わかったのは、ああ、アメリカの大学って、序列ってないんだ、ということでした。

尾木　ランキング、みたいなものですか?

茂木　ええ。だから、賢い子でも、別にハーバードにみんな行くわけではなくて、オハイオ州立大学に行ったりするんです。地元の方が便利だからって。だから、ハーバードの人と、オハイオ州立大学の人がいたときに、ハーバードの方が賢いという前提がなにもないんですね。しゃべって、判断するんです。

尾木　その人の中身で。

茂木　ええ。やっぱりその時に、自分の育った世界の狭さをわかってしまいました。そして、最近面白い本があって、マルコム・グラッドウェルという人の『Outliers』という本なんですが、アメリカのノーベル賞の受賞者が、どういう大学の学部を卒業しているか、ということが書かれていたんです。むちゃくちゃなんです（笑）。いわゆる、スタンフォードとか、カリフォルニア工科大学とか、ハーバードとか、MITみたいな、有名校からももちろん出ていますが、ケンタッキー州のユニオンカレッジとか、アウグスブルグカレッジとか、聞いたことがないような大学から、まんべんなく出ているんです。それがアメリカなんです。だから序列という意識もない。僕は、そういうのがいいなあ。

尾木　日本の場合、この間安倍総理も言っていましたけれども、THE世界大学ランキング100位以内に、今、東大と京大しか入っていないから、せめて、10校は入るようにしたいとか、いつもそうなるの。

茂木　なんか、気にするんですよね、ランキングを。いつも。

尾木　やっぱり、島国だからかな。韓国とか、中国とか訪問してみても、陸続きだと、ヨーロッパや外国の色々なものがどんどん交じってくるでしょう。だから、変わらざるを得ないんです。中国も、僕が視察に行った公立の小学校では、英語の授業を週4時間やっていました。私立はネイティブの先生を入れれば6時間くらいやっていい。**襲ってくるグローバル化に教育も染まっていかざるを得ないんです。日本は外国の流れは全然関係ないですものね。海で囲われてしまって孤立している。**

茂木　ええ。**日本は今、エリート教育としても全然ダメだし、普通の学習が苦手気味な子どもたちのこともちゃんとできていない。僕は、これは根底が同じ気がするんです。**普通、学力面でいわゆる落ちこぼれの子への教育と、エリートを作る教育って真逆な気がするけれども、僕は、共通の問題のような気がしています。それは、尾木先生がずっとおっしゃっている、個性を大事にするということができていないということだと思います。そういう教育哲学があれば、本当の意味でのエリート教育もできるし、落ちこぼれの子どもも何か自分を生かせるような学びができるのではないかなあ。それは僕、理想論ではないと思うんです。実際にできると思うんです。

尾木　ええ。教育の**基本は〝個別教育〟なんです。**たまたまその子が頭脳明晰であったとしたら、それをのばしていけばいいし、そうでなく、違うものが得意なのであったら、それをのばしていけばいいし、発達の問題を抱えていれば、それを支援していけばいい。**教育とは100人いたら、100通りのアプローチがあるものなんです。**だから、時間割や、カリキュラムも100通りなければいけない。この間オランダへ行ったときなんか、時間割は自分で決めていましたよ。オランダでは小学1年生は4歳から始まっていますが、その4歳の小学1年生がですよ。

茂木　ふふふふ、いい話ですね。

尾木　オランダは面白いです。そういうところを見てしまうと、日本がいかにくだらないことをやっているか、衝撃的にわかるんです。そうやって比べると一目瞭然だし、国際比較教育学って領域もあるんですけれども、そこからはあまり市民レベルで発信されていないのも残念ですね。

茂木　ちょっと、そういった先生方に発信して欲しいですね。

尾木　日本の教育学者の中にも、海外に出てらっしゃる方はいっぱいいるんです。でも社会にあまり発信されないんです。自分の専門を深めていくだけで。

茂木　特に教育は、発信して頂いた方がいいですよね。実態を知らないといけないですから。僕も知らないことがたくさんあります。この間ハーバードのやつとしゃべっていて、びっくりしてしまったんですけれども、専攻を自分で定義できるんだ、とか言うんです。どういうことだ！って聞いたら、この教科とこの教科とこの教科をとるから、俺はこういう専攻なんだということを、自分で宣言して、それがコミッティーに認められたら、そういう専攻になるんだ、と言うんです。面白いでしょう⁉　例えば、量子物理学と、国際政治をとったとします。それって、よくわからないけど、それはこういう学問なんだ、って自分で言って、コミッティーにも認められたら、それでいいんですって。それで、その改革をはじめたのは、ブラウン大学だって言うんです。ブラウンが1980年代くらいに、そういうリベラルアーツ教育の改革を始めたって。

僕も知っているつもりで知らないことがいっぱいあるんです。でも、これだって、さっきおっしゃっていた、国際比較教育学の方たちは知っているかもしれない。やっぱり、それは発信して頂きたいですよね。日本だと、専攻がガチガチにあって、この専攻に行ったら、この教科をとれ、って言っていますけど、おかしいですよね。

尾木　一つは日本の研究者が発信しないのは、学会にこもっているからだということがあります。

学会に認められるのが大事で、市民に認められないということは気にしていないんです。

茂木　いろんなことがつながっているんですよね。

百ます計算で頭は良くなるのか？

茂木　百ます計算(4)といった、繰り返し計算でベイシックなスキルを身につけるというものは、私の立場からすると、学びにとっての一番肝心なところが抜け落ちているという感じがしています。それは、好奇心とか、学ぶ意欲とかいうところなんですね。数学者ガウスのこんな話があります。彼は子どもの時、先生に、1から100まで足すといくつになるかという問題を出されて、100と1、99と2、と組み合わせていくと、その和は全部101になるから、101かける50で、5050になる、という答え方をして、先生にすごくほめられたらしいんです。何かをしてほめられるということが、ガウスにとって印象的な出来事だったようで、それで、大数学者への道を歩んだと言われている。

これは、どの辺まで、史実なのかどうか、よくわからないのですが、やっぱり僕は、**気付きって一度しか起こらない**、というところが重要なんだと思っています。どんどん新しい気付きをしていくことが、学びであって、同じ気付きを繰り返しやる、百ます計算みたいなものは、我々からすると、脳の学びのプロセスのごく一部分の要素でしかない、という風に思うのです。尾木先生の立場から見ると、どうなのでしょうか。

尾木　僕も百ます計算は強烈に批判してきたんです。「陰山メソッド」の陰山氏は、「百ます計算は単なる計算練習ではありません。その本当の効果は、脳の前頭前野を最大25％も活性化させるところにあります。このことは東北大学・川島隆太先生の最新脳科学によって実証されています」（『百ます計算』小学館）等と主張し続けています。「計算」や「音読」などによるくり返しトレーニングの効果をメディアも宣伝したものです。しかし、私は百ます計算をやると、頭が良くなる、なんてことはないと思います。東北大の川島隆太さんなんかも、これをやると脳の前頭前野が活性化して、頭が良くなるとは限らない、とし、「脳トレーニングを行っている時の脳の働きを調べてみると、前頭前野が全く機能していなかった」（ネイチャー論文）との見解を「当然のこと」（２０１０年10月）と、かつての陰山氏の説明を、軌道修正しているのです。これは、２０００年代の学力実践をわい小化し、学力を数量化競争に追い込む最悪の大変な問題だった、と僕は思っています。

　でも、百ます計算自体がいけないわけじゃないんです。それは、一つの習熟方法であって、百ますをやれば頭が良くなる、子どもの能力が伸びる、みたいなとらえ方は、完全に間違っていたと思います。現場では、ストップウォッチ片手に、何秒早くなったか、などということをやっているのですよ。

茂木　そんなことするんですか！

尾木　ええ。何秒縮まったかなんて競い合っているんです。でも、もともとは、これは、陰山氏の独自のメソッドなどではありません。関西の同和教育運動や京都の岸本裕史さんたちが１９８０年代に必死になって工夫・開発された手法なんです。教育・家庭環境がものすごく悪い中で、単純な領域でいいから、まずなんとか学習習慣、基礎学力をつけよう、そして、子どもたちにやればできるんだという自信も付けさせよう、ということで、取り組まれたものだったのですよ。

茂木　その起源を聞く限り、そこは良いですよね。

尾木　ええ。そこは間違いじゃないんです。関西のあの地域に合致していた実践スタイルであって、だからあの時には、全国には拡がっていないんです。特に東京には関西のようには広がらなかった。

茂木　ええ、確かに僕もやったことがありません。今もやっているんですか？

尾木　今もやっているところはやっているんです。変ないい方ですが、教育文化環境があまり整っていない地域では、かなり有効ですし、やっていくのもいいだろう、と思います。ただ、それを文科省がえらく絶賛して持ち上げてしまったものですから、お墨付きもらったみたいに全国に拡がって、現大阪の教育長に出世した陰山英男さんが、教育界のカリスマみたいにまつり上げられているのは、ちょっと困りものですね。持ち上げたメディアの責任も大きいですが。

あれは、秒を競っていくから一見〝進歩〟が目に見えて、わかりやすいんです。

茂木　計量化できるということですね。

尾木　ええ。数量化できて、わかりやすい。昨日までは2分50秒かかったのに、今日は2分切るようになった、すごいって先生もほめてくれる。そこでは「ほめる」という行為も入っているんですよね。そして、こんなにできるようになった、私もやればできるんだ、と自信にもつながる。こういう論理なんです。そしてそれを例えば10分なり、15分なり、集中してやるものですから、集中力も付く、と。これは本当なんでしょうか。達成感があるのは確かだとは思いますが。でも、常に競っていますから、自分より早い子は必ずいますし、スピードを求めていくというところで、僕はどうも……賛成できない。というのも実は、うちの娘が、かつてやって失敗したんですよ。数学大嫌いになっちゃった。ですから、下の子にはやらなかったんです。そのおかげか今も数学が好きで折に触れて数学の本などを読んでいますよ。

茂木　似たようなことは公文式にもいえますね。

尾木　**結局のところ数量化できるものを求めてしまう、問題が解けたことをもって、学力がついた、という錯覚を、日本の教育界ってみんな善意なんだけど一斉になびいて陥ってしまうんです。**

これは全く違うんじゃないかと思います。現場で地道に奮闘しておられる指導者の方までを批判するつもりは毛頭ありませんが。

茂木　僕もそう思っています。実は、脳科学の世界では非常に強烈な反証がありまして、複雑な数学の問題を解いているときの脳活動ってむしろ、絞り込まれている状態になっているんです。特定の脳領域に集中している状態といいましょうか。だから、活性化しているとかいっても、むしろ、脳は静かな状態になっているということが知られています。

もともと頭の良さって、スペアマンが、ジェネラル・インテリジェンスという考え方を1904年の論文で提唱したように、地頭の良さみたいなものじゃないですか。一つの能力に優れた人は、他の能力にも優れた傾向がある、というような。この地頭の良さみたいなものに、対応する脳の部分というのが見えて来ていまして、それは、前頭葉のある部分なんですが、ここは面白いことに、じっくり取り組んで考えるような難しい問題を解いている時には活動するんですが、繰り返し解くような単純なものだとあまり活動しないということがわかっているんです。僕の理解では、百ます計算みたいな単純計算をいくらやっても、やっぱり、じっくりものを考えて、粘り強く一つのことに取り組むみたいな脳の活動は起こらないので、脳の活動としては浅い、ということになります。

一方、私は子どもの頃、多湖輝先生の『頭の体操』という本が大好きで、よく読んでいたんですが、あれには1秒くらいで解けてしまう問題もあれば、1時間くらい考えないと解けない問題もあって、**そういう1時間くらいうんうん考える感じが、脳には一番いいんです。百ます計算にはそういうのはないですものね。とても単純です。**教育現場ではあれが便利だから、ああいう風に広まったんですかね。

尾木　**やっぱり、日本の教育って一斉授業をやっているでしょう。個別学習システムだったら、あんなに普及しないと思います。**すぐに飽きちゃうはずですから。だけど、一斉だと、30人、40人が教室で取り組むわけですから、なんか競い合い雰囲気も出るんですよ。教える側から見れば、効率がいいし、やっている側も、競争心みたいなのが湧く。そして、クラスが「2分を切ろう」みたいな目標を達成した時には、わーっと嬉しくなるじゃないですか。そういう高揚感も組織できるし、集団をまとめていくには、非常にやりやすい方法なんです。だから浸透しやすいという面もあると思うんです。

茂木　でも、それだけだと、正直難しいですね。「脳の育み」ということからすると、ごく一部分に過ぎないので、それだけがスポットライトを浴びてしまう、特にそれでよしとされてしまう、ということになると、問題だと思います。でも、現場の先生もわかっていらっしゃいますよね？

あいさつ運動はむしろ「害」になる

尾木　いや、わかっていないんです。昨日、僕、ある学校に、授業参観に行ったんです。その学校は、公立の普通の中学校なんですが、本当に驚きました。そこで改めて感じたのは学校って、まるで博物館みたいだと思った。40年前、50年前と何にも変わっていなかったんです。

茂木　どんなことをやっているんですか。

尾木　あいさつ運動の取り組み……。

茂木　？　あいさつ運動、ってなんですか。

尾木　「おはようございます！」っていうのを、みんなで気持ちよく言って、清々しい1日をスタートさせようって、地域の方や、ＰＴＡの方や、生徒会のメンバーが並んで。

茂木　まあ、害にはならないですけれど……。

尾木　いや、害になるんですよ。今日はあいさつしたくないなあ、って、思っている子もいるんですから。

茂木　ああ、強制されてしまうんだ。

尾木　ええ。それから、「おはようございます！」って元気に言えば、大人はごまかせるんだ、という風に思ってしまう。「いやあ、あの子は元気にあいさつできたなあ」とか大人は思っていても、本当はあいさつなんかしたくないのかもしれない。自然体であいさつできることが、重要だと思うんですが、「運動」化してしまうと、間違ってくると思うんです。**教育に「運動」はいらない、と僕は思います。**「活動」は必要かもしれませんが。「運動」ほど、不気味で、強制的でイヤな実践スタイルはありません。

それから、給食を「残さず食べよう」という「完食デー」という「運動」もやっていますね。

茂木 ああ〜、残すな!というやつか。

尾木 そう、きれいに全部食べなくてはならない。

茂木 嫌いなものが出たり、体調が悪かったりしたら、どうするんだろうね（笑）。

尾木 そうなの。完食するまで、お掃除の時も、周りみんなが掃除している中でもその子だけ残して食べさせたり、ひどい場合、ペナルティで3時、4時になっても帰さなかったりするんです。

茂木 それは拷問ですね。

尾木 そうですよ。こういったイヤな経験を小学校でしてきている学生がものすごく多いんです。

茂木 この県の学校ではそうだということですか?

尾木 いやいや、これは、全国共通です。全国の典型として、昨日伺った学校があったということです。卒業式の風景だって、50年前と何にも変わっていません。日の丸が舞台正面に掛かっていて、校長先生が壇上にいて、卒業証書を、右手、左手、と出して受け取る、みたいな。

とにかく教育が、常に、団体の訓練なんです。生活の面も、行事も、学習も。トレーニングをして、階段を1歩ずつ上がっていくように、ステップ・アップ方式で画一的で。

日本が元気ないのは教育のせい?!

茂木　もともと歴史的に見ると、明治の時に、ヨーロッパの文化・文明に追いつこうというので、今の学校制度って、大学に至るまで作られたと思うんです。そして、それはある程度の成功をした。例えば、すごく能力の高いホワイト・カラーを生み出すんだとかいうことについては。でも、今は時代が変わってしまった。それこそ「創造性」がすごく大事な時代で、例えば、尾木先生は「尾木ママ」というキャラクターを出していらっしゃる、これはすごく創造的です。それでいままで伝わらなかったところにも、伝わるようになったんですから。

尾木　昨日は、ついに、ドラマ出演しましたよ！

茂木　ええー！　非常に創造的で素晴らしいと思います、そういう人がもっといっぱいいればいい。例えば、僕がこの前、ボストンに行った時、ハーバードの卒業式のスピーチをやる人は、オプラ・ウィンフリーだったんです。オプラ・ウィンフリーというのは、日本でいうと黒柳徹子みたいな人で、司会ですごく有名な、黒人の女性です。そういう人がハーバードの卒業式に来て、スピーチをやる。なんか今、世界ってそういう風になっていて、やっぱり、**「創造的な個人」というのが大事な時代なんです。日本って、元気ない、元気ない、と言われるけれども、一番元気をなくしている、その元凶は、日本の教育である、**これは、間違いないと思います。

尾木　いや、その通りなの。日本の学校を一回解体したら、元気になれるかもしれない。子どもと市民と教師があちこちに学び、知恵を絞ってやりたい学校を作り直したら。

茂木　すごく不自由な感じがします。その「あいさつ」にしても、すごく不思議に思うのは、**コミュニケーションって、フレキシブルなもの、というのが脳科学の常識なんですよ。**いつも同じことを言うんだったら、別にロボットでいいわけで。

尾木　そうなんです。あいさつ運動のおかしいのは、いつも同じことを同じ調子で言わせるんです。「おはようございます」って、大きな声であればあるほどいい、って。以前、ある県の、あいさつ運動の盛んな学校に行ったら、廊下の向こうの方の端にちらっと、僕の姿が見えた、その瞬間に、女子中学生3人が、「ちわーーっす！」って大声で深々とおじぎしたの。僕は、びっくりしてしまった。気持ち悪くて。だって、僕の顔も見てないし、目も合ってないんだから。ところがね、隣にいた教育委員会の課長がね、「うわあ、よくあいさつできる学校ですね〜！」って、感心しているから、僕は気持ち悪い、って正直に言った。午後に、次の学校に行ったら、やっぱり3人の生徒がすっと通りすがりに玄関口で、僕の目をじっと見て、黙礼するように「ご苦労さまです」って言ったの。この時、「いいあいさつできますね～」って僕、その課長にわざとらしく言ってしまいました（笑）。

学校には「科学」がないのか？

茂木　その方が自然ですね。前に、教育委員会が管理に走っちゃっているというお話しになったと思うんですが、僕は、教育とか学びは、管理ってものと一番遠いと思っているので、そこがまず、ダメだということがありますね。

それから、非常に僕がいつも印象を受けるのが、いわゆる研究授業というものに呼んで頂くことがあって、見せて頂くんですが、これが、**科学じゃない**、ということなんです。というのは、どんなことを先生方がおっしゃるかというと、「こういう実践をしました、そうしたら、子どもたちの目が輝いていました」という感じで、僕は、えええ～？っと思ってしまう。我々の立場からすると、科学的にある授業の効果を示そうと思ったら、少なくとも二つの授業のスタイルを用意して、この授業のやり方だと、こういう形になりました、だから、これと、これとを比較すると、こちらはここが優れているけれど、こちらはここが優れている、といういい方をしないと、研究とはいえません。

例えば、さっきの百ます計算の取り組みだったら、百ます計算をやった場合と、もっと違うやり方で算数を学んだ場合で、どっちが子どもはより算数に好奇心を持ったか、ということを調べてみる。そういうことをやったんだったら、「研究」なんだけど、ただ実践して、「子どもたちの目が輝いていました。」っていうのは、教師の主観的な印象にすぎません。あいさつ運動もそうです。あいさつ運動をした場合と、しなかった場合で、子どもたちは、どう発達をしていったのか。なんらかの形で比較・評価して、初めて科学なので、**学校教育現場に科学がない**、という感じがいつもしています。

尾木 それはとても重要なことかもしれません。子どもの目が輝く、というのは、学校現場にとっては、「子どもたちが主体的に参加してきている」「くらいついてきている」という証拠なわけです。逆に、「子どもの目が輝きました」というのが、評価の基準になったり、自慢話になったりするのはなぜか、というと、逆に子どもたちの目がそれだけ輝いていないんです。

茂木 ああ、普段は。

尾木 ええ。目が死んでいるんです。**強制的に学校という箱の中に詰め込まれて、はい、姿勢を正して、礼儀を正して、あいさつをしっかりする、返事もはっきりする、時間をしっかり守る、発言をしっかり大きな声でする、文字はわかりやすく書く、整理整頓をいつもする、という風にいつも、がんじがらめなんです。こんなことといわれながら、トレーニングされていく中で、うわー、**

おもしろそう！って目が輝く瞬間なんか、あんまりないんです。だから、50分の授業の中で、目が輝いた時間帯が、20分でもあれば、これはすごいわ、ということになるんです。前提の、土台、つまり、すみかとしての学校が、非常に息苦しくて、子どもたちが生き生きできていないんです。

「社会は変えられないもの」と悟り切っている大学生

茂木　逆にちょっとお伺いしたいんですけれども、昔は、例えば、遠山啓さんの水道方式(5)だとか、数学教育について個性的な提案をされていた方がいらしたし、尾木先生も、もちろん、ある非常にしっかりとした人間観をもっていらっしゃる。でも最近は、これはあくまでも僕の印象なんですが、**僕が学校現場に行って若い先生と話すと、そもそもそういう疑問さえもっていない方が多いような気がするんです。**そうじゃないですか？

尾木　今、とくに先生の卵の学生が、総じてそうなっちゃった。

茂木　どうしてなんですか。

尾木　やっぱり、最近の日本の教育や社会のあり方、経済状況などの結果だと思います。

茂木　少子化でそうなっちゃったということですか。

尾木　いや、少子化の問題じゃないですね。少子化だったら、逆にもっと豊かな個性が育つはずなんですよ。だから、まったくそうではないんです。例えば、ゼミなんかで、折角、自分の興味・関心のプレゼンをやるのに、「これはしょうがないんですけど」とか、「これは変えるわけにはいかないですけど」とか、結論にはかならず、諦めが入るんです。まるで、自然現象で地震が襲ってくるかのように。政治事象とか、経済事象とかを、「与えられたもの」として全部とらえているんです。だから、「**あなた、社会っていうのはね、自然現象じゃなくって、人間がつくっているのよ。だから、私たちの力で変えることができるんだよ**」と言うと、ええ～？っときょとんとしているわけです。大学生の1年生から、4年生まで、みんなそんな傾向がありますね。

現状があって、そこに自分をどう適応させていくのか、ということしか考えられない。**これを僕は「適応主義」と呼んで強く批判しているんですが、いかに現実に適応する人間を作るのか、ということに学校はあくせくしているわけです。**社会に入っていく、とか、社会に出る、社会人になる、といういい方をよくしますが、本当は、生まれたときから、一個の人間で、0歳も、80歳も、同じように一つの独立した人格だし、人間です。それぞれにかけがえがない価値と人権があるんです。そういう考えがほとんど見られなくて、まずは厳然たる動かぬ社会があって、そこにいかに上手に入っていくのか、そこでいかに機能して働ける人間を作るか、みたいな話に教育がなっている。つまりは、〝人材育成〟なんですよね。教育は「社会にスッポリはまっていける人間を作る」ということになってしまっているんです。

茂木　これもまた繰り返しになってしまいますが、**それが日本のため、世界のためになればいいんですが、結果としてそれが、日本の弱みになってしまっているんですよね。**

尾木　そう！　その通りなんですよ。

茂木　先日も、ＭＩＴ（マサチューセッツ工科大学）に行ったときに、そこにいた人たちが盛んに言っていたのが、disruptive innovation ということでした。破壊的イノベーション。つまり、現代におけるイノベーションというのは、いままでの秩序とかシステムを壊すようなものじゃなかったら、本当のイノベーションではない、ってことなんです。例えば、彼らが考えていたのは、ＭＯＯＣといって、2万人とか3万人の学生といかにインタラクティブに授業をやるか、というような問題でした。例えば、尾木先生の授業ってすばらしいですけれども、法政の授業の学生って、きっと、大教室でも、２００~３００人ですよね。

尾木　いえ、今日は、４００人もの授業でした。

茂木　４００人。でも、尾木先生の授業をもっと聞きたい、という2万人、３万人の人がいる。その方々とインタラクティブにやるにはどうしたらいいか、ということです。それができるようになれば、例えば、東大の入試が難しいなんて言いますが、別に入試なんかしないで、東大の入学定員を１００万人にしちゃうこともできるかもしれない。もっと言えば、大学の区別なんかいらないかもしれない。日本の大学を統合して、ＪＲのスイカみたいなので、Japan University 東日本とかいって、法政でも東大でもどこでも単位をこのカードに貯めていける、みたいなのができるかもしれない。

尾木　僕も、大学改革は究極そっちの方向だ、という風に思います！

茂木　ですよね！　インターネットだと、フェイスブックも、グーグルも、ツイッターも、ユーチューブも、全部アメリカ発ですけれども、アメリカって、やっぱり、disruptive innovation ということをすごく大事にしていて、**現状に対して我慢しない、こっちの方が良い！と思ったら、ちゃんと文句を言って、それを実現する、ということをやっているんですよね。**それがないと、社会って進まないし、付加価値もできない。**だから、いま尾木先生がおっしゃった「適応主義」っていうのは、日本が沈滞している、一番の元凶ですよね。**

尾木　だと思いますね。全てそうですもの。**でも、これを、誰が求めているかというと、経済界や財界じゃないかな、という気がしちゃうの。**教育界が、人材育成しようというのは、今の社会、企業社会に合うように、ということではないでしょうか？

茂木　ああ、最終的には、そうかもしれませんね。

尾木　でも、それでは、日本の企業が本当には発展できない、強くなれないのです。それなのに少しも理解できないで小さな人材育成を求めてしまっている、グローバルな視点でとらえていないという気がものすごくします。

茂木　色々失脚もありましたけれども、堀江貴文さんと話していると、堀江さんの会社は、1996年の段階で、学歴を問わない通年採用だったというんです。**僕は、ずっと新卒一括採用って、人権問題だと怒っています。**そもそも自分の会社に入れる人は新卒だけ、というのは、国際的な人権の原理から見て、おかしいです。訴えられたら、アメリカだったらものすごい損害賠償を命じられると思います。

尾木　そうか、人権の視点ね。なるほど。

茂木　日本の大学生の年齢がそろっているのは異常だと、尾木先生もよく書かれていますね。

尾木　ええ、ホントに異常ですよ！　新入生がみんな18歳なんて。

茂木　30歳の学生もいていいのに、日本の企業は、日本の企業だったら、そういう人はとらないわけでしょう？　これはもう人権問題です。日本の企業は、「コンプライアンス」とかえらそうなことを言っているけれど、どこの企業も、もし訴えられたら、維持できないくらいひどいことをやっているんです。そういう意識がないですよね。そもそも、日本の企業には。そこら辺が、日本の企業が今沈滞している根本的な理由だと思います。

それで、僕、すごく謎なのが、尾木先生がそういうことを授業でおっしゃった時に、「そうだ！」って学生たちが思わないこと。僕も、ツイッターとかで、いつもこういうことを言っているんだけれども、そうすると「現状は仕方がないんだ」っていう反応がくるんです。

尾木　ツイッターでもやっぱり、そう感じられますか！　それがね、生の世界でも学生はまったく同じなんですよ。

茂木　**「現状がそうなっているんだから、仕方がないじゃないか」って言うんです。それを変えないと日本は変わらないです。**

尾木　そういう話がすっと頭に入ってくる学生って、今ほとんどいないんですが、実は、そういう変化が起き始めたのは、そんなに昔ではないんです。

茂木　いつぐらいからですか。

尾木　今社会人になって2、3年目になる人たちの頃からかな。

茂木　いわゆるゆとり教育世代ということですか？

尾木　重なるかもしれませんね。でも、ゆとり教育は理念自体は、少しもまちがいじゃないですからね。

道徳教育は統制の手段か

茂木　例えば、道徳教育というような話も随分出ていますけれども、尾木先生から見ると、どの辺りが一番問題ですか？

尾木　もう、本当に問題です。そもそも学校教育の中で、授業の中でやっていくようなことなのか、っていう根本的な疑問を抱きますね。そもそも国際社会では、道徳をやっていない国の方が圧倒的に多いわけですよね。

茂木　確かに聞いたことないなあ～。

尾木　**道徳教育よりもむしろ、宗教だとか、哲学だとか、倫理学だとか、もっとアカデミックで日常の生活の中に、歴史的かつ、グローバルな視点で入っていくべきであって、**「道徳」なんてどれだけ口で言っても、結局は、日本の場合、武士道精神、要するに、戦前の修身なんですよ。道徳教育を強化すれば、いじめがなくなる、学校もよくなる、なんて考え方をしているんですが、この間の大津の、第三者調査委員会で僕が入った中学校は、なんと2年間も、文科省の道徳教育のモデル校だったんですよ。研究指定校なんですから。

茂木　でも、ダメだったわけですね。

尾木　そうなんです。「道徳教育の研究・実践」といっても、まったくもって自由じゃない。最初から形が決まっていて、研究紀要だとかをどんどん作らされるんです。もちろん研究授業もやらされるでしょう?　学校や教師がどうしてもそれに気を取られて目の前の生徒から目を離してしまうんです。**だいたい文科省の、研究指定を引き受けると、次の年には荒れる、とよく言われています。**

茂木　ああ、先生が忙しくなっちゃって。

尾木　ええ。忙しくなって、視線が〝上向き〟になる。ぶ厚い報告書出して、そこの校長は次には出世するんですよ。そんなセレモニーでしかないんです。

茂木　やっぱり、管理教育だよなぁ。

尾木　**教えたことが身についていく、道徳性や、モラルが心の中に形成されていく、というのはどういうプロセスを通して成されるのか、という一番大切な課題を丁寧に検証する作業抜きなんですよね。**

茂木　**科学的なアプローチがない**、ということですよね。

尾木　まったくその通りです。道徳心が形成されるとは、どういうことなのか、そのプロセスは何かがちゃんとあって、だから、こんなアプローチでいこう、授業ではこうやりましょう、という研究だったらまだいいんですけれども。何もなし。ひたすら精神主義なんです。それに加えて、現在では、道徳主任や道徳教育推進教師まで置かれているんですよ。

茂木　そうですか！

尾木　並じゃないんです、道徳教育への力の入れかたは。道徳教育推進教師というのがいて、各学級担任は、道徳の授業時数は年間35時間ありますから、それらの授業計画や指導案という書類を必ず4月のうちに、道徳主任に出さなければならない。そして、その道徳教育推進教師は、各担任がどこまでちゃんと本当にやっているかという実践進行状況を点検したり、全校をリードしたりしなければならない。

茂木　やっぱり、管理なんですね。

尾木　現場はそういう風に組織され、徹底的に管理されているんです。そして、もう一つ重要なのは、道徳の授業時間の実施状況のチェックが厳しく入るということです。例えば年間35時間なら、それを全部やり切ったのかということを、文科省にチェックされるんです。そんな風に文科省から、どこまでやり切ったのかと調査が入るのは、道徳だけなんです。他の教科ではないんです。だから、道徳をどんなに重視しているか、ということです。１００％の実施でなければ、教育委員会から指導を受けるんです。君の学校は99％しかやっていない、どうしてなんだ、って。

茂木　尾木先生のおっしゃるように、どういう環境に置いたら、子どもたちが人として良い人になるのかということが、考えられていないのが、僕は……。

尾木　ええ、まったく関係ないんです。非科学的もはなはだしい。こういうと行政批判ばっかりしているようにとられると困るんですが、文科省の動きとして、非常にはっきりしているのが、まず、道徳の所だけそうやってやるでしょう？　それから、各教科の中にも道徳性を貫くこと、となっているんですよ。つまり、国語の授業や、数学そのものの授業内容よりも、道徳の方が上で、国語や、数学の授業の中に、道徳性が入り貫かれなければならなければいけないんです。今は。

『ワンピース』の方がよっぽど道徳的だ

茂木 それで思い出した！　かけ算の順番とかいう、変な話がありましたでしょう。子どもたち6人が、みかんを5個ずつもらうと、みかんはいくつ必要かみたいなのが、6かける5は正解だけど、5かける6はバツになる、って。

尾木 あっ、現場ではそうなっていますよ。

茂木 いやいや（笑）。それ、一時期ツイッター上で、ものすごく話題になっていて、私をはじめとする、理数系の研究者たちは、馬鹿じゃないか！って、交換法則とか教えろよ！って、めちゃくちゃに批判して、そうしたら、数学の現場の先生たちが、かよわい反論の声をあげてきたんだけど、そういうのは我々に、一斉にたたきつぶされました（笑）。あれ、どうなったんだろう、その後、学校教育現場では。

尾木 文科省の指導要領とか、教師用の指導書なんかでは、人が6人いて、みかんを5個ずつあげると、何個必要か、という問題だったら、人が主体となっているから、6かける5じゃないとダメということになります。みかんの方ではなく人の数が主体の問題になっているんだから、と……。

茂木　……だからさ……くずです、そんなのははっきり言って。理数系の研究者にとっては、0・5秒くらいで瞬殺です。なんなんだそれは。

尾木　そうなのよ〜。

茂木　例えば、そういう変なことがある。何を言っているのか、全然わからないような。

尾木　学問の世界の専門性なんか、みじんも関係ないし、更には「かわいそうな女の子が3人いました。そこへ優しそうな男の子何人が来ました。それで、これこれこんな風になりました」というような文章で、例題文にまで道徳性がねじこまれたような問題集を作り、業者が学校に売り込んでくるそうです。指導要領の通り、数学の説明文の中や問題集の中にも道徳的観点をいかしてます、とか言って。そんなんで道徳性なんか、養えるわけないんです。僕から見ると、現在の道徳教育の強化路線は、管理・統制のための手段にしか見えないですね。本当に道徳心豊かな日本人を育てるのだとしたら、方法が全く違いますもの。

茂木　子どもたちは、一方で、『ワンピース』みたいな漫画を読んでいて、あれは、親友だと思っていた奴が敵になる、みたいな仲間の裏切りだとかが書かれていて、本当の人間の世界に近いようなことがあって、そこでどう友情を貫くか、人の為っていうことを貫くか、というところで感動しているんですよね。子どもたちはどうしてもそっちの方へ行ってしまいます。学校のつまらない、その「優しい男の子が来た」みたいな問題集より。逆に、子どもたちは馬鹿にしているんじゃないですか、学校を。

尾木　ええ、こんな学校空間の中で子どもたちはよくぞ生き抜いているな、と思いません？　だから、みんな『クレヨンしんちゃん』が大好きなんですよ。

茂木　ああ、本音だからね。

尾木　本音だから。実際、そういう作品も必要なんですよ。人間の本音の部分を表現した作品が。だから子どもたちにはすごく人気があるし、ＰＴＡの調査ではワーストの毎年上位に来ちゃうんですよね。

「島国根性」の日本では「利他性」は育まれない

茂木　僕がすごく気になるのが、日本の道徳っていうことをいったときに、異質な人が世の中に**いるときにどうするか、みたいな話って、あまり入ってこないということです。**例えば、外国人の方とか、バックグラウンドが違う方とどう付き合うか、みたいなことって、日本の「道徳」の中では、ちゃんと扱われていない。でも、ネットワークサイエンスの研究の中では、**他人のために何かをする、という行動は、人が、いろんなコミュニティーと接しているときに一番育まれる**ということが、理論的に示されているんですよ。例えば、会社とか、学校のような、一つの組織にばっかりいると、本当には「利他性」というのは育まれなくて、学校、会社だけではなくて、趣味のサークルだとか、在日韓国人の方とか、在日中国人の方とか、在日アメリカ人の方、みたいに色々なコミュニティーと接している方が、本当の意味での利他性は育まれるんじゃないかと言われているんです。そういう目から見ると、日本の道徳の教科書が言うのは、昔ながらの村社会、というか、みんな同じような種類というか、そんな中での「利他性」でしかなくて、本当の世界での利他性とは違うもののような気がします。

尾木　そういう国際基準からいうと、日本って、完全に浮いていますよね。

茂木　道徳の教科書って、今どんなことが書いてあるんですか？

尾木　正確にいうと、教科書ではないんです。道徳は教科ではないですから。だから、資料集（サブテキスト）ということで、『心のノート』というテキストが出ています。河合隼雄先生が監修されたものです。

茂木　えっ、河合先生がされたんですか？

尾木　ええ、河合先生の心理学を扱ったよさも出ているには出ているんですが、僕から見ると、極めて危険なところがあるんです。読みものだけじゃなくて、「ワーク」が入るんです。それによって心がコントロールされていくような危険があります。全国何万人の小中学生が一斉に、一つのあるべき人間像に作られていくような感じがするんです。

茂木　どんなことが書かれているんですか?

尾木　書かれている内容も問題ですが、それよりも、自分が書き込まなきゃいけないという、「ワーク」があるんです。自分を振り返る、自分の心を見つめる、というような。でも、これは一種の犯罪的行為なんです。小学校の低学年はまだいいかもわかりません。**でも5年6年くらいになってくると、「こう書くと先生が喜ぶ」という期待される子ども像が見えるようになるんです。**ここに転んで泣いている女の子がいます、あなたはどうしますか?と言われたら、駆け寄っていって、「大丈夫?」って言って起こして、汚れているところを水道水で洗ってあげます、と書けば、絶対先生に誉められるわけです。**急いでいるときだったら、ほったらかしで行っちゃうこともあるかもわからないのに、先生の気持ちや評価をすばやく察知して、誉められることを書いている自分、嘘を書いたという罪の意識、それらにすごく苦しむんです。**

茂木　ああ。

尾木　いつも嘘を書くようになってきた、って。それにもう一つは、先生たちが、そのノートを後ろのロッカーかなんかに、どーんと積んでおくんですよ。友だちが見たときに、「心の内面」をのぞき見られてしまうという恐怖感ですね。だからこれは子どもたちにとっては、大変なノートなんです。

茂木　**そういう教育の結果、現状が変でも文句を言わない学生たちができてくるんでしょうか。**

尾木　そうですよ。『心のノート』が配られるようになった時期とも一致していますよね。ゆとり教育という、世間一般でいわれている時期とも重なるかもわかりませんが、ゆとり教育自体のせいではなくて、前にもお話しした「関心、意欲、態度」の教育観とか道徳教育のそういう心をコントロールしていく部分が精神的に自立した子どもに育てる上で大きな問題なんだと思います。

茂木　『心のノート』は、どんな時間にやるんですか?

尾木　もちろん道徳の時間にやります。日本は、このように道徳の時間があるでしょう。そして、各教科も、一番上位に道徳が位置付けられた中身になっている。そして、総合的に全ての生活場面でも道徳性が貫かれる。そういう水ももらさぬ〝三重構造〟になっているんです。

茂木　その割には、道徳心ないですよね……。

尾木　まったくです。

茂木　池上彰さんも「週刊文春」の連載で書かれていましたが、この国は、根本的なところで、国として反省してないところがあって。例えば、中国との戦争が侵略だったかどうかということで、安倍総理が侵略にも色々な定義があるというようなことを言ったけれども、そもそもあの戦争ってどこでやっていたのか。中国でやっていた。南京って当時の中国の首都なんですよね。だから、例えば、「南京大虐殺はなかった」とか色々言っていますが、そもそも他の国に行って、戦争をして、首都を占領しているんだから、向こうから見たら、侵略行為に決まっているじゃないですか。逆のことを考えればわかります。中国が何か理由を付けて入ってきて、東京を占領していたら、絶対に日本人は、それは侵略だ、と思うでしょう。

だから、おかしいんですよね。国全体の政治家たちの言っていること。道徳とか言うんだったら、国際社会でどう振る舞うかとか、考えろよっていうか、国全体として、反省すべきことを反省するということをやってなくって、子どもたちにそんな『心のノート』とかいうものを押しつけている。

尾木　おかしいですよ。

茂木　この間、ハワイに行って、面白かったんです。ハワイにはカメハメハの王朝があって、それを廃して、アメリカの一つの州にしてしまったわけですよね。アメリカはそのことを、クリントン大統領の時に、正式に謝罪しているんです。今はもちろん、ハワイ州になっていて、独立運動もあることはあるんだけれども、やっぱりアメリカの一部の方が色々と生活も便利だし、とみんな普通に暮らしている。しかし、歴史的行為としては、カメハメハ王朝を廃して、アメリカの州にしてしまったことは申し訳なかった、と政府が正式に謝罪しているんです。それは当たり前のような気がします。だって、確かに、なんでアメリカ人がハワイにいるんだよ、って言われたら、変だから。そこはちゃんと謝罪しておかなければならない。だから、一国の首相が、侵略の定義は国際的に明らかではない、とか言う国って、ちょっと、まずいです。

尾木　おかしいんですよね。おかしなことだらけです。

茂木　常識で考えればわかりますよね。これは、さっきの、**日本の道徳教育というのが、村社会で、仲の良い均質な人同士の道徳を前提にしていることと関係している**と思うんです。例えば、中国の方と、全然違うところに行ったら、どう振る舞うか、とかいうことが全然見えていない気がします。

尾木　その通りです。**均質な人間関係が大前提なんです。グローバルな視点や、多様性はまったくないんです。**給食の完食運動にしたって、完食したらダメな子だっているわけですよ。

茂木　アレルギーの子とかね。

尾木　あるいは、食事を抑えていった方がいい子だっているんです。病気の場合もありますし、前日食べ過ぎていて、今日は吐き気がして食べられない子だっているわけでしょう。**これは、ある意味、個体の自由の領域問題ですよ。**このことと、給食の調理員さんに感謝を示すこととは全くの別問題ですよ。

茂木　なんでこうなっちゃったんでしょうね～。

「至れり尽くせり」、今どきの大学生保護者会

尾木　全面的に今、そうですよ。今、大学生を見ていて、純粋で従順な中学生と接している感じですもの。僕は中学校の教師もやっていましたからよく実感できるんです。大学生という感覚が最近ではあまり持てないですね。

茂木　それは僕もときどきそう感じることがありますけれども、自分が年とったからかな～、と思っていたんですが、本当に違うんですね（笑）。

尾木　まったく違います。そう、何日前だったかなあ、ある私立大学へ、講演に行ったんです。聞いてくれた人は誰かというと、現役の保護者なんです。

茂木　え？　大学の保護者会？　わー……。

尾木　７０００人位の学生数の大学なんですね。大学の校舎に近づいたら、ずらーっと、校舎をとり巻くように長い行列ができているんです。

茂木　保護者がですか。

尾木　ええ。なんのイベントがあるのかな、何かとぶつかったのかな～、と思っていたら、尾木先生の講演会だというんです。10時20分から始まるのに、すでに8時から並んでおられるんです

よ。何かのイベント会場みたいに、ジグザグと、校舎の周りをずら〜っと列ができているんです。びっくりしてしまいましたよ。二千百何十人か集まったようです。大学生の3、4人に1人、保護者が来てしまったことになるんです。

茂木　そうですか。

尾木　それで、メイン会場が足りなくなって、第5会場にまで広がって、全会場とテレビ中継になって、みんなメモをとったりしている。さらに4割5割くらい、夫婦で来ていらっしゃるんですよ。

茂木　普通、昔の意識だと、もう大学生になったら、親は来ない、というか、独立した人格というイメージですよね……。

尾木　そうですよね。それで、「大学生活のQ＆A」という小冊子があって、その内容にあまりにもびっくりして、実は僕、今日持ってきてしまいました（笑）。

　例えばこんな質問があるんです。「休日でもないのに、子どもが家にいたり、午後から大学に行ったりする日があるのですが、授業はどのようになっているのですか？」

茂木　……？

尾木　答え。「大学の授業は、高校時代とは大きな違いがあります。高校では、学校の授業計画に基づいて、教科を勉強し試験に合格すれば卒業できますが、大学では、学生自身が学習計画を立て、それに基づいて履修科目を選び、登録し、所定の単位を取得することになっています。その登録した授業科目の、開講曜日、時間に合わせて、教室に行くことになります。だから、高校時代のように教室で待っていれば先生の方から教えに来てくれるということはありません。学生が自ら教室に行き、授業に積極的に参加することが求められるので、主体的に学ぼうとする姿勢が必要となります。」

茂木　いや……おもしろいですね。

尾木　それで２０００人来て下さったと言ったでしょう。驚いたのが、２０００人の方にお弁当を配るというんです。

茂木　えー！

尾木　でしょう。僕、それで、てっきりおにぎりが2個くらい入った普通のお弁当だろうと思ったんですが、なんと有名老舗懐石料理店のものなんですよ。

茂木　えー！　その大学ってお金持ちの大学なんですか……。

尾木　OB会から、ものすごい寄付があるんです。寄付で成り立っているようなところがあります。しかも、お弁当は一種類じゃないんです。九つの中から選んで下さい、って。

茂木　いいな〜（笑）。その大学、知らなかったな〜。今の大学って、そういうところなんでしょうね。

尾木　基本的に、こうなんです。保護者会は大体、どの大学でも学部ごとにやりますね。法政も数年前から始めました。

学生に「モーニングコール」する大学とさせる親

茂木　福沢諭吉が、独立自尊というか、自立が大事だということを説きましたが、日本人はいつ自立するんですかね？

尾木　自立はほとんどできてないですね。就活セミナーなんかもみんな親が来ます。エントリーシートなんかも、今、親がもってくるそうです。そうすると、会社はチェックしておいて、落とすんだそうですが。

茂木　親がもってきた時点で、その人は我が社お断りという感じだよなあ……。

尾木　私の講演会なんかでも、質疑応答で、「うちの子は一生懸命これになりたいって勉強しているんですが、その試験っていうのは難しいから、心配なんですけれども、どうしたらいいですか？」というようなことを聞かれます。そんなの、本人がこれになろうと思ってやっているんだから、いいじゃないですか、なんて思います。

茂木　大学ってかつては、学問の府みたいなイメージがあったんですが、今は、就職予備校になっちゃっていますね。この間僕、驚いたんですけれども、小学校6年生のところへしゃべりに行ったら、東京都内なんですけど、3分の1の子が中学受験するっていうんです。それはまあ、予想通りだったんですが、中学受験するっていう男の子に、「どうして、良い学校に行って、良い大学に行きたいの?」って聞いたら、「うん。企業に就職するとき、企業の人が学歴を見たりするから」とか言うの。小学校6年生で。つまり、**大学が、僕たちの頃って、僕の場合だったら、物理学をやりたいって、「学問を学びに行く」みたいな意識があったんだけど、今は、小学校6年生の段階で、既に就職予備校という意識で、SAPIXとか日能研に行くこと自体が、就職活動なんだよね。**びっくりしちゃいましたよ。

尾木　**今多くの子どもたちのなりたいもののトップが、公務員ですからね。**それも、地域活性化に尽くしたいとか、この千代田区をなんとか盛り上げたい、とかじゃなくって、公務員になって安定した生活をしたいって。

でもあのね、大学が、入学式のその日にね、就職活動の仕方とかいって、保護者会でやるんですよ。

茂木　えっ‼　入学式の日に⁉　どうしよう!

尾木　あのね、僕、中学、高校、大学と教員をやって来て、わかったことは、基本、**大学の先生は、教育に関しては、素人だということです。**教育学をやっている教授なんかほとんどいないんですもの。ましてや現場で教えたことがあるって人はいないでしょう？　そうすると親から、例えば、「うちの子は朝、起きられないから、起こして欲しい」というような要求が出てくると、すぐにモーニングコールをやりはじめるわけです。今、東京都内の私学もたくさん、学生のモーニングコールをやっているんです。

茂木　えっ大学？

尾木　高校でもやっていないし、中学でもやっていないし、小学校でもやっていないのに、大学でやっているんです。モーニングコール専用の職員まで雇っている大学もある。

茂木　ひええ。

尾木　つまり、1時間目に、語学の授業なんかが置かれると、9時半くらいだから、朝が早くて起きられない。それは必修だから、単位を落とすと留年です。そうすると、親からクレームが付くんです。「なんでモーニングコールをかけてくれないんだ」「うちの子は朝が弱いんだ」って。僕も、直接抗議の手紙をもらいました。僕は当時、学生相談をやっていたんですが、出席日数が足りなくて、単位を落とした子がいた。そうしたら、僕宛に、「なんで3回目に休んだ辺りから、保護者に連絡をしないのか。連絡があれば、起こして行かせたのに」と手紙が来たんです。

茂木　モンスターペアレント、ですねえ。

尾木　単位を落とすのも本人の自由だし、留年するのも本人の自由だし、大学はやめたっていいわけなんです。それなのに、親の庇護のもと、親の抱え込んだ中に、学生は生きているんです。誰も自立していない。

茂木　それって、お母さんですか、お父さんですか。

尾木　両方共です。おじいちゃん、おばあちゃんがそれに加わることもあります。親の立場でいうと、大学生になったら、昔はもう、本人に任せたよ〜、という感じがあったんですが、今は学歴社会も崩壊していますし、**社会が崩れて見えないから、親がいつまでも面倒を見ていないと、この子は幸せになれない、そういう強迫観念みたいなものがあるんだと思うんです。**昔は良くも悪くも社会ががちっと安定していた。今はぐちゃぐちゃで先も見えないから、個々の親が必死になっている。

茂木　僕の印象だと、変ないい方ですが、あまり親御さんの意識が高くない家庭ほど、そういうことに固執する傾向があるような気がします。前にお話ししたかも知れませんが、G1サミットという日本の経営者などが集まっている所では、もう日本の教育が見捨てられていました。この前も京都のある家元の子どもが14歳からイギリスの寄宿学校に行っちゃった、という話を聞いたばかりです。だから、一番見えている人って、もう、日本の教育を丸捨てしています。だから例えば、偏差値が良くない、意味がない、と僕が言ったとき、ムキになって反論してくるお母さんって、よくよくお話しを伺ってみると、世の中のことを何も知らないことが多いです。

尾木　ああ、世の中の変化を。

茂木　ええ。例えば、尾木先生が、アメリカや、イギリスや、オランダの教育をご覧になっていて、それを背景に何かをおっしゃる。それは僕にとっては、非常に真っ当なお話です。でも、それに対して、「再反論される方がいらっしゃいますよね。「だけど、こうじゃないか」って。そういう方って、大体、見ている社会が狭いんです。そこはちょっとお気の毒だな、と感じています。

尾木　先ほどの「大学に行かないんだけど、授業はどうなっているんだ」という質問は、大学を出ている親だったら、みんなわかるはずですよね。だから、もしかして、あそこの大学の多くの親御さんは、大学を出ていないのかも知れません。

茂木　不安があるんですね。

尾木　だから、そういう要因もあると思うんですが、今、進学率が51%くらいですけれども、東大クラスでもそうですからね。保護者会をやったり、入学式に親が来すぎて満杯になってしまうから、1家庭に1名までとかいう限定を設けたりしています。それでも来て、入れないから雨の中、おじいちゃん、おばあちゃんが待っているという状況も、映像で見たことがあります。

茂木　僕、夏目漱石の『三四郎』を読んでいたら、もうその頃から、日本の大学の授業はつまらないから出なくて良い、みたいな思想が語られてしまっているんです。与次郎っていう三四郎の親友が、三四郎が最初まじめに授業に出ていたら、こんなのつまんねえだろって言ったり、広田先生という在野の、大学の先生になっていない人の方が実はすごく面白いことを言っていたり、すごく皮肉の効いた小説ですよね。日本の大学のクオリティは別として、本当の学びは、大学の授業とイコールではない、みたいな常識が、あったような気がするんです。でも最近は、それこそ前におっしゃっていましたけれども、15時間でしたっけ？　授業を祝日もやれ、とかなんか変ですよね。こういうことって、なんか何かがすごく劣化しているような気がします。

尾木　だから、大学人は、そこに抵抗できなければならない。おかしい！って言って。それなのに、できない。大学の自治とか、学問の自由とか、決めゼリフのように存在すると思っていたら、まったくないですね。

茂木　**僕は、文句があったら、ちゃんと言うことが最大の学びだと思う。日本人にとっては。**なんで我慢するんだろうな。

尾木　我慢することが美徳とされているからかな。波紋を起こさないで安心だからかな。

茂木　そういうことを、小学校からずっと植え付けられているということですよね。

尾木　保育園からそうですもの。

本当はみんなが市川海老蔵だ！

茂木　この間もちょっと議論したと思うんですが、「尾木先生みたいな人は特別な人だから、自分たちとは関係ない」という反応がある。例えば、歌舞伎役者の市川海老蔵さんは、よく僕に、教科書なんか1ページも読んだことがない、とかいうんですね。それで、ある学校の教育集会に呼ばれて、そのことを僕がしゃべったら、帰りにエレベーターで、ある紳士が「私、堀越君を教えていたんです」って声をかけて下さった。堀越って、市川海老蔵の本名なんですが、その方が、「確かに彼が教科書を開いているのを見たことがありませんね」って証言して下さいました（笑）。

だから、市川海老蔵さんは、学校の勉強ってあんまり好きじゃなかったと思うんです。ただ、やっぱり、歌舞伎役者としては素晴らしい。それで、「学校の勉強ってやらなくたって、素晴らしい人にはなれるじゃないか」って僕が一つの議論としていった時、どういう反応が来るかというと、「市川海老蔵は特別な人だから、自分たちとは関係ない」って反応なんです。

尾木　わかります、わかります。**本来は、百人いたら、百人が市川海老蔵と、仕事は同じ領域ではないけれども、同じ能力を持っているんです。**

茂木　そうなんですよ！！！

尾木　**そして、それをサポートするのが教育なんです。**

茂木　そうなんですよ！！！！

尾木　**それが、そうなっていないんです。だからおかしいの！**

茂木　そうなんですよ〜！！！

尾木　**本当にね、宝を潰しちゃっているの。宝を捨てちゃっているのよ。日本は。**

茂木　わかってもらえないんですよ〜！

尾木　**本当は、〝みんなが市川海老蔵〟なのよ。**

茂木　子どもたちが、小学6年生の時点から偏差値っていうので頭がいっぱいになっている。小学6年生に話をしに行った時、僕、言ったんですよ。「ハーバード大学って知っているだろ？

世界で1位とか、2位の大学だろ。あれ、偏差値いくつだと思う？」って。そしたら、「ん〜、ん〜、80くらいかなあ」とか子どもたちが言っているわけ（笑）。それで、「ばっかだなあ、おまえら、ハーバード大学って偏差値なんてないんだぞう！」って言ったら、みんな「えええぇ！」って。それで、今の市川海老蔵の話をして、「市川海老蔵みたいな勉強していない人だって入れるのが、ハーバード大学なんだぞう！」って言ったら、みんな、目から鱗《ウロコ》みたいな感じで。「個性を伸ばして、すごくユニークな学びの姿勢を持っている人が、ハーバード大学に入るんで、点数で上から入っているんじゃないんだよ」って言ったら、みんなショックを受けていました。それぐらい、**日本の子どもたちって、マインドコントロールされている。**

尾木　親たちもそうでしょう？　**マインドコントロールを解くのが、僕たちの仕事という感じがします。**解かれれば、結構むくむく〜っと立ち上ってくるんですよね。

茂木　どうしたらいいんでしょうか。尾木先生は、ずっと闘って来られたわけじゃないですか。僕は、尾木先生の非常にシリアスな著作をずっと拝見していて、尾木先生をすごく信奉するというか、尾木先生の言っていることはすごく正しいと思っていたのに、なかなか教育界は変わらない。それで、今度、尾木ママという形でメディアに出てこられたら、尾木先生カワイイって、少しずつ話は拡がってきて、でも、まだ日本の教育界、変わらない。

尾木　変わらないですね。

茂木　ぐんぐん押しても、全然、テコでも動かないって感じで。

尾木　どうしたらいいのかな〜。例えば、僕は、教育委員会を1秒でも早く解体すべきだって言うでしょう？　文科省もなくして、「子ども省」として横断的な行政組織にした方がいいって。でも、それを例えば、解体したら、みんな逆に困っちゃうっていうか、権力の違う力を求めてくるだけ、みたいな現状がある。**市民の下からの力とか、現場での先生たちのパワーが感じられないんです。**

茂木　準備ができていない、ということでしょうか。

尾木　**市民の力が土の下からむくむくむくむくっと力強く育ってきていて、まるでタマゴの殻を破るように、文科省や地方の教育行政がこわれてなくなる、**そういう力の構図にはなっていないんです、今はまだ。

茂木　下からむくむく、という動き自体がないんだ。

尾木　ええ。胎動してくる底ヂカラがありません。だから、上から、親心と違う権力で、がばっと殻を剥がしても、どうなんだろうって思っちゃうんです。世界に、こんな国あるんですかね、茂木先生。こんなに高度に発達したわが国なのに、市民パワーが熟成していかない。

茂木　アメリカとかだと、それこそ、進化論に対して、創造説を教えろ、みたいな、保守的な南部の州はあるけれど、ここの人はこういうことを言っているけれども、創造説を教えるなんてとんでもない、っていうまともなインテリ、学者からの反応があって、ちゃんと競争している。アメリカ全体が創造説を教えているんじゃないんです。保守的な人たちと、進歩的な教育をやる人たちが、ちゃんと競争しているんです。ところが**日本の場合は、文科省が全国一律で、コントロールしているんで、競争相手がいないです。**

尾木　あぁ、確かにそうですよね。

茂木　オルタナティブがないから、みんな日本の教育を見捨てて、出て行っちゃう。私学だとあるんですかね。

学力飛躍のカギは「探究科」の発想力

尾木　**これまでは私学が辛うじて、そういう対抗馬としてあったんですがね、今それがやっぱり、偏差値教育の中に組み込まれてしまっているんです。**大学に何人入れるか、ということが最強の基準になってしまった。個性を潰して。だから、良心的な学校経営者や校長は、ものすごく苦しんでいます。自分たちの建学の精神を生かした独自の教育をやろうとしても、結局、大学に何人入れたかで、評価されてしまう。だから、ここで茂木先生とお話ししているような角度や切り口からの教育をやられている学校で、受験でも成功しているという学校というのは、本当に数えるほどしかない。まったくないわけではないですが。

　以前、茂木先生が、ＮＨＫの『プロフェッショナル　仕事の流儀』という番組の中で対談されていましたけれども、荒瀬克己氏が校長を務めておられた京都市立堀川高校などは、一般の進学校とは明らかに違うアプローチをしていますね。

茂木　あそこはよかったですねえ。「探究科」[6]というのがあってね。

尾木　ええ。実は、僕が知っているすぐれた中学高校の中で、『子どもが自立する学校』（青灯社）という本を編んで、全国の８校をおさめたんですが、その中に荒瀬校長にも書いて頂きました。そういう学校を見ていると、全部「探究科」的な発想なんです。つまり、学校や大人の側から学ぶべき何かを用意して、それらのどこまで習得・達成できたのかきめ細かくテストしてチェックしていく、というかつての学校と教師主体で生徒の学びをリードする方式ではなくて、子どもたち自身が自由に自分の興味・関心に従って、思いのままに「探究」していく、そしてそれを支えていくのが教師の仕事、という本来の総合学習の切り口による教育なんです。実はこれこそ、ゆとり教育でやろうとしたねらい、夢だったんです。

　それが成功しているところは、例えば、東大にたくさん入る、ということにも成功しているんです。愛知の東海中・高等学校とか、東京だと海城高校などがそうです。だから、ゆとり教育は本当は間違いじゃないんです。こういう成功事例も、ちゃんと東大にこんなに受かっているじゃないかって、知らせないといけない。

茂木　東大に受かること自体はそんなにたいしたことではないけれども、もし世間がそういう風に言うんだったら、そういうことにも成功していますよ、ということですよね。

尾木　そうですね。僕が中学の教師をやっていたとき、修学旅行とか色々な行事を含めてすごく質の高い学校が創れたんですね。その時に僕、新しく着任された校長さんに校長室で、「校長先生、自慢できる学校でしょう！」って生活や行事の様子を話したら、校長が、「尾木さん、生活面のすばらしさは理解できるけどうちの学校、偏差値はトップじゃないね」って言うんです。その区には当時34の中学校があって、その時は、確か――6位だったんです。6位なんて、結構な位置じゃないか、と僕は思っていたんですが、校長の考えとか、地域の声とか、教育委員会の評価というのは、そういういわゆる「学力」面でのトップの実績を欲しがっていた。それで、「生きる力」、というか、子どもたちが学校行事や生活づくりで発揮していた〝自分で自分を磨いていく力〟を少しだけ、学習の方向にも広げてみたら、あっという間に偏差値まで1位になったんです。1位を目指していたわけではなかったんですが、はっと気付いたらそうなっていたので、校長室にデータを持って行って、「ほら」って結果の表を見せたら、「やりましたねぇ」ですって。それで校長さんの態度が変わりました。だから、僕は、堀川高校みたいなやり方で、中学校の実践もやれる、ということは自分でやってみてよくわかりましたよ。

茂木　素晴らしい。でも、それって、先生の側に、見識というか、ノウハウがないとダメですよね、きっと。

尾木　そうですね。そういう視点とか、発想がない限りダメでしょうね。

茂木　僕、荒瀬さんとお目にかかったときも、すごく人間的に素晴らしい方だと思ったんです。やっぱりかならず、どなたかそういう方がいらっしゃるんですよね。尾木先生もそうですし、人間観がすごくしっかりとした方とか、深い方がいらっしゃらないと、なかなかそういう教育って実践できない気がします。ただのマニュアルがあるだけじゃダメで。逆にそういう方は、どうやってできるのか、ってことになりますね（笑）。

尾木　そうなんですよ〜。ただ、はっきりしているのは、がんじがらめの教育体制、行政の中では無理だということです。

茂木　無理ですね。僕、面白い事例を知っていて、ある県が、有り体にいうと、東大合格者をたくさん出そうということで、戦略的にとある中高一貫校を作った。その学校に実際行ってみたんですが、中1の時からずっとドリルをやっているんです。『英熟語ターゲット1000』でしたか、入試で出る英単語の単語帳みたいなものが各生徒に準備されていた。それで、生徒たちに「学校どう?」って聞くと、「やー、もう、ずっとテストテストで息苦しい」とか言うんです。それで、その学校の進学実績がどうなったかというと、東大ゼロ。**やっぱり、付け焼き刃は難しい。**灘高の『銀の匙』を3年間かけて読ませる橋本武先生の実践なんかのように、やっぱり、偏差値の高い大学に入ることはたいしたことではないのだけれども、世間がもしそう言うならば、意外とそういうところで良い成績を出している学校って、今、尾木先生がおっしゃったような、探求的というか、総合学習的なことをやっているところが多いですよね。

尾木　東京の「受験校」といわれる高校の中にでも、本当に面白い学校もいくつかありますからね。

茂木　自由、放任というかね。予備校で評判の良い先生とかも、単にテクニックを教えるというよりも、総合的に色々なことを教えてくれる先生ですものね。なんでこんなに簡単なことがわからないんですかね。

尾木　僕の身の回りにいる人たちは、こういうことは、ツーカーでわかるんです。でも、圧倒的多数の市民層としては、「わかってくれていない」ですよね。僕は、尾木ママになって、実は僕のファン層は、かなりの人が「わかっていない」ということもわかりました。ある地方に講演に行った時も、会場から人があふれていくつもの会場に分かれたんですが、朝早くから並んでメイン会場に入れた大勢の方は、尾木ママ以前の僕を知っているような、教育問題にも関心の高い方たちだったんです。

茂木　それって、どんな反応だったんですか？

尾木　僕が尾木ママ的ジョークをいっても、のってくれないの。終了後に全部の会場にあいさつにまわったんですが、この人たちは、僕が登場しても誰も写メとらないの。ところが、最後の5番目の会場に行ったら、入った途端、みんなが携帯でびっしり構えて待っていて、「わー、きゃーママだー」って、写メとられました（笑）。僕は、一番初めの会場にいた人たちの「心」をつかまなくちゃいけない。一方で、今僕は写メとりたがる一般大多数の層の人たちと、付き合っているんだ、って思った。こういう人たちと心から信頼し合って付き合うには、頭から知的に入っていくんじゃダメですね。心で感じたことや〝感情〟を「音声化」する。感情の表現者にならないといけない。ここの層の人々の心がつかめないと、政治も見当違いで上から目線の言動や政策を出してしまう気がします。

「反対側を見る目」を育てるのが教育

茂木　**教育っていっても、例えば、色々な生き方がある。学者になる人だけじゃない。そうするとやっぱり、人とどう向き合うかということがすごく大事になってきますよね。**それなのに、それができていないという気がします。さっきおっしゃっていた、給食の話にしても、世の中には、給食が食べられない子がいるんだということを認めないような教育って、ダメですよね。

尾木　ダメです。だから、僕は、**反対側を見る目**ということをよくいうんです。例えば、体育の授業を見学している子がいる。その子は、心臓病を持っていて、やりたくてもできない。見学していなければならない、入学以来一度も体育の授業をやったことがない。体育をやって、マラソンをやって、忍耐心をつけるんだ、と先生たちは一生懸命おっしゃるけれども、ずっと、やりたくてもできないで、いつも友だちの楽しそうな姿を見つめているだけの子の忍耐心はどれほど強いか。そういう反対側の子どもの心を見ることが大事だと思うんです。

こんな話もあるんです。僕の友だちの体育の先生が、ある時、バレーボールの授業をやっていました。その時は、見学している子たちが3人くらいいたんですが、授業が終わって、その先生が「みんな楽しかったかー？　でも、見学していた子たちは、寒い中をずっと応援してくれていたから、彼女らに感謝の拍手をしましょうー！」って言った。それで、みんなが「ありがとうー！」って拍手したら、その見学していた子どもたちが駆け寄ってきて、「後片付けを手伝いまーす！」って、やりだしたというんですね。

茂木　いいですね。

尾木　**反対側にいる子の存在や心をとらえる眼差しが大切なんです**。だから、例えば、跳び箱を全員飛ばせられる、という実践は、別に悪くないかもわからないけど、6段飛べる子は、実は努力しなくても飛べるんですよ。僕は、すごく運動神経がいいんですけれども、別に努力しなくてもできたんです。走れば速かったし。意味がわからなかった、遅い子の気持ちって（笑）。

茂木　俺、遅い子（笑）。

尾木　えっ、そうなんですか。なんで遅いんだよ、足早く動かせば、早くなるんだよ、って感じでした（笑）。

茂木　いやいや、足早く動かしてもダメなんですよ（笑）。

尾木　腕を振ればいいだろう！なんて、思っていたんですけど。

茂木　いやいや、腕振ってもダメなんです（笑）。

尾木　だからね、反対側の子の存在に注目してその心までをつかませることが、大事で。その時も、一人は明らかにサボって見学している子だったんです。着替えも寒いし面倒くさい、真面目にやるのもアホらしいって感じで体育がやりたくなくて。それなのに、その子までが、飛び出してきて後片付けを手伝っていた。そして、それ以降はさぼることがなくなってしまった。やっぱり、これが教育だと思うの。だから、跳び箱を全員跳ばせられるというのは、確かに素晴らしい指導力かもわからないけれども、**6段飛べた子どもに、怖くて踏み台の前で止まっちゃう子どもの気持ちを分かるようにするのも教育なんです。**君は、すとーんと軽く飛べるけれども、あそこで止まっちゃう子の気持ちがわかるかい？　なんかいいコツがあったら、考えて教えてあげてね、って。**そうすると、他者認識力がぐんとアップし人間理解力が深まっていくんです。**昔1980年代に、「どの子にも百点を」とかいう主旨のタイトルの本がありましたが、それは悪くはないかもわからないけれども、**どれだけやっても１００点をとれない子だっているんです。得点力アップだけではなくて、その子の努力の素晴らしさとか、できない苦労とか、悔しさ、それを他の子が分かるように、みんなの眼差しを向けてあげる、そういう深みのある教室を作ることが出来れば、すごく面白いと思います。**

日本の場合は、記号化して評定しやすい「Ａ・Ｂ・Ｃ」や「５・４・３・２・１」など数量化することが評価なのだというのが前提になっている。だから、そこからこぼれていく子がダメの烙印を押されていじめのターゲットにもなっていくんです。それから、全員の力を引き上げようとして、日本の学校で伝統的に仕組まれるのが、班というもので、集団主義でグループを５つに分けて、競い合わせていくわけです。それで、５つのうちの４つの班が目標得点を達成したのに１つの班がまだつっかかっている、となると、その中の一番できない子が、いじめられてしまう理屈なんです。「俺らはこんなに頑張っているのに、おまえのせいで、俺らの班がダメなんだ」って。昔「ボロ班」とかいういい方がありました。ボロ班っていうのは、ビリの班という意味で、序列をつけていけば、どんな場面でも必ずビリができます。このビリをたたく方法は一時期有効な、すぐれた教育実践であると思われて、全国に拡がりました。当時、僕は、ものすごく頭に来たんですが、これが当時は民間教育運動の中でも生活づくりのもっとも大きな潮流だったんです。

茂木　ボロ班！

尾木　ええ。このやり方に対する批判の方が大きくなって、ある時期から使われなくなりましたが。日本のかなり良心的な先生でも、例えば不登校の子を、どこまで連れて来ることができたか、班ごとに競わせたりした人がいました。

茂木　迷惑な話だなあ……。

尾木　今日は1班が迎えにいく。玄関口まで出させることに成功した、と。その後は、2班はここまで連れてきた、4班はここまで、って教室の後ろに模造紙に不登校の子の自宅から学校までの地図を描いて連れてきたところまでの旗を立てたりして。これは虐待だと思った。

茂木　恐ろしい話ですね。

尾木　恐ろしいでしょう。それが全国で有名な先生ですよ。それから、全国の「優れた」教育技術・方法を集め、それを編集し、教師の共有財産にしようとする団体があって、会員数は1万名とも言われています。教育実践というものは、理論化され、法則化される、と言うんです。僕も、理論化は可能だと思います。でも、法則化はできない。いや、やってはいけない介入だと思う。

茂木　どんな法則があるんですか?

尾木　例えば、跳び箱を跳ばせる、という授業にしても、手をつく位置をここに指定して、こうこうこういう指導をしていけば、みんな飛べるようになるんだ、という感じです。

茂木　いやいやいや。

尾木　逆上がりにしても、かけ算の九九にしても、何にしても、全部法則化するわけです。それでね、段が設けられているんです。1段、2段、とか、授業の教え方の技量で教師をランク付けするの。そういうテストがあるっていうとそれにみんながこぞって参加しています。

茂木　でも、イチロー選手が大成したのって、仰木監督があのフォームを矯正しようとしなかったからですよね。標準化しようとするとどうしてもそういう個性が潰されます。野茂さんだって、あんなトルネード投法なんてむちゃくちゃなの、普通のピッチャーのコーチだったら矯正するけど、えらかったんでしょうね、野茂さんのコーチも。法則化かあ……。

尾木　授業をやらせて、級とか、段位をつける。テレビでも結構取り上げられていますよ。そういうのが、日本人は大好きなんです。そういうところに行っちゃうの。目に見えないものは落ち着かなくて。

茂木　僕は、大嫌いですけれどもね！

尾木　僕も大嫌いなの！　だからね、現場でやっていけなくなったの（笑）。

「今を輝く」ことが「人生を輝く」生き方につながる

尾木　茂木先生とは、幼児教育の話もしたいんです。

茂木　ある若い女性の研究者がこんなことを言ってました。彼女は高校の時に不登校になったことがあるそうなんですが、そこは中高一貫の進学校で、良い大学に行くために今があるみたいな生活だったって。それで大学はなんのためにあるかというと、良い就職をするためで、常に先のために今があるって感じで、一体いつになったら、自分は今を生きられるんだろうって、はたと気付いて学校に行けなくなっちゃったんだって。偏差値なんて何の意味もないんだということを、中高生にちゃんと教えてあげないといけない。

この前僕ね、学校の先生たちの前で大げんかしてしまった。偏差値指導しているとか言うから、僕は、そういう指導の場で、「今の世の中こうなっちゃっているから、一応、君はこの偏差値だから、ここを受ければとか言うけれど、本当は偏差値なんてまったく意味がないんだよ。こんなことで君の価値は決まらないんだよ」って、言ってくれる先生がいたら、子どもは助かる、って言ったんだけど、通じなくて、けんかになっちゃった。学校の先生ダメだな、と思った。

尾木　今伺ったの女性研究者の方の、何かを我慢しなきゃいけない生活を強いられてきたけれど、輝く今というのが無いんじゃないか、という恐怖感に襲われた、というお話ですが、僕がいつも色紙に書く言葉は、「**ありのままに今を輝く、尾木ママ**」なんです。

茂木　わぁ……すごい、素敵。

尾木　**今を輝いたら、明日が輝くし、10年後が輝いているはずです。今を充実させて、輝くとい**

うことが大事なんであって、10年後の就職のために、3年先の大学に入るために、今を我慢する、なんてね、そうしたら、ずっと我慢でしょう？　それはね、適応主義そのものなんです。

茂木　ほんとだよね。

尾木　今ある社会が、普遍で、神が作ったようなものだと思い込んでいるのは間違いです。強い人が主導しているだけのことであって。どうにでも変えていくことが出来るんです。やっぱり、主役は君なんだよ、一人一人なんだ、ということをみんなが知らないといけません。教師がそう思っていないから、ダメなんです。

茂木　僕は、別にアメリカの教育が全て良いって言っているわけじゃないんですけれども、**アメリカで、学問的に高度な大学に入る人って、「今を輝く」ってことをただ積み重ねて行っているだけな気がします。**

尾木　そうなんですよ。「今を輝く」ってことを積み重ねて行けばいいんであって、それなのに、早期教育、乳幼児教育だと言って、フラッシュカードをやらせたり、跳び箱をぴょんぴょん跳ばせたり、大人の価値観にはめ込もうとしていて、おかしいと思います。

茂木　テレビで取り上げられていましたけど、鹿児島の某幼稚園とかね。

尾木　ああ、僕批判しているの。○○式。全国に拡がっているんですもの。順番待ちですよ、入園が。

あえて「文字を教えない」保育園

尾木　昨日、実は、ロケで北海道の民間の、それも無認可の保育園に行ってきたんです。できてから、28年経つ保育園なんですけれどもね。それがめちゃくちゃいいんです。とにかくね、子どもたちが「いきて」いるんです。7回くらい宿泊行事があって、夏になると、2ヶ月間海のそばに建物を借りて保育をやったり、冬になると、山の中へこもって雪滑りをやったりするんです。

茂木　うわぁ、いいな!

尾木　そういうものすごく個性的なことをやるから、相当経費が掛かるんです。保育料は月々5万円です。ある親御さんは、3人のお子さんを5年間預けていたら、行事ごとの諸費用を合計すると、1千万円超えたとおっしゃっていました。僕は5人のお母さんを取材したんですが、普通は保育園に子どもを通わせているお母さんって、働いていらっしゃるので、忙しい雰囲気なんですが、そこのお母さんたちは、なんかゆったりした風が吹いているんです。やっぱり経済力がなければ、そこに預けられないんです。そこの園舎は、ぼろぼろ。民家を買い取ったような感じで、なんちぐはぐなんですが、行政の認可を受けてしまうと、基準に合わせなくてはならないので、なんにも自由にできなくなってしまうということで、自分たちの給料を低くして、職員の数も少ない中で、奮闘していらっしゃるんで、そういう形をとらざるを得ないんです。それでも絶対に公的な認可は受けない、と言っていましたね。あの信念は、すごいです。保育実践の本物をみた、という感じがしました。

茂木　へえ！　いい話ですね。

尾木　その園では、やってはいけないことが三つあるんです。その一つが、文字を教えてはいけないこと。それから、テレビを見るのはダメ。それから、キャラクターグッズを持ってはダメ。ディズニーランドはどうなのかな？　でも、面白かったのは、僕が訪問したでしょ、そうしたら、「あ！テレビに出てる人だ！」って集まってきたの（笑）。

茂木　テレビ見てるじゃないかって（笑）。

尾木　はははは、そう、おかしかった。まあ、それはそうと、例えばね、足の親指を鍛えるというので、「両生類ハイハイ」という、床を親指で後ろに蹴りながら這って前進する運動をしていました。僕もやってみたんですけど、これがなかなかできないですね。今日、なんかさっきから、あちこち痛くて。体調が変だな、ぼーっとするな、と思っていたんですが。

茂木　「両生類ハイハイ」のせいだ！（笑）

尾木　なんか変、原始の生きものに戻ってしまったみたいな気持ちなの（笑）。そうやって足の指を鍛えたり、雑巾を絞って、雑巾がけをしたり、とても基礎的なことをトレーニングしていました。それから、食育をものすごく重視していて、とにかくすごいんです。食べているものが、ごつごつしているの。

茂木 ん？（笑）

尾木 野菜類の切り方もでかいの。ふきのとうだとか、わらび、それから、たけのこ、しいたけ。そんな野菜を煮たものと、ほっけのフライ。フライの衣には、ふきの葉っぱを刻んだのが、入ったりしていて、ふきの葉っぱには苦みがあるでしょう？　それに、ほっけのあの厚い骨を揚げて、骨せんべいにしているんです。そういうのを、ぼりぼり音をたてながら食べているの。

茂木 ははは、いいですね！

尾木 子どもたちはよく咬んで、よく見つめて、よく観察しているから、絵本なんか読んでいるときも、絵の世界に入ってくると言っていました。文字を教えていないし。

茂木 面白い！

尾木 それで、その物語の中のことを絵に描いてみよう、とか呼びかけると、文字を学んだ子は、描けないというのね。文字を知らない子はしっかり描ける。認識の仕組みが違うみたいなの。だから、文字を教えない教育では、形で認識していくから、観察力も非常に鋭くなっていく。非常に個性的な絵を描くんだそうです。キャラクターグッズを持たせないというのも、そういう品を持つと、例えば、うさぎちゃんなら耳が長い、という風に、決まった形になっていっちゃうから避けているのだそうです。そこではね、本当に子どもたちが生きいきしていましたよ。発達障害の子たちもね、どんどん伸びていくそうです。身体的な障害を持った子も、それを克服していけてしまうの。医者から、奇跡だ！なんて言われることが、この28年の間に何回か起きているそうです。

茂木　それで無認可なんですよね。

尾木　そうです。あえて認可を取らないというのが、園長の姿勢なんです。

茂木　いや、立派だと思います。

尾木　文字を教えない、というのは、その園長の考えでは、絵本で読み聞かせなんてやっていると、あ、この子はお母さんに文字を教えてもらったな、ということがわかるって言うんです。なぜかというと、物語を絵に描いてみようというと、途端に描けなくなるそうなんです。**乳幼児期の子どもは、観察眼がものすごく鋭いらしくて、絵本の読み聞かせでは、みんなじっと絵を見ていると言うんです。ところが、文字を覚えてしまうと、文字を追っかけようとする。だから、すぐにわかると言うんです。**そういうことってあるんですかね。

茂木　文字を覚えると楽をしてしまうんですよね。脳が。

　言葉って大事なんですけれども、例えば、アインシュタインも、5歳までほとんどしゃべらなかったと聞きます。おそらく今日の基準でいうと、高機能自閉症だといわれると思いますが、その頃のアインシュタインを知っている親戚の人が、アインシュタインは何か言うときに、まず自分で自分に言ってみて、それから、人に言っていたと証言しています。これは自閉症の人に典型的な特徴です。とにかく、子どもの頃から標準に当てはめてしまうというのがよくないということですよね。要するに4歳、5歳のときから跳び箱跳べるからって、なんだっていう。子どもって、それぞれ違うんだから。きっかけをあたえることは、いいと思うんです。跳び箱が跳びたい子どもは、跳べばいいし、庭の隅でありんこを見ているのが好きな子どもは、見ていればいい。ふふふ。

「原体験」は脳の感情システムを鍛える

尾木　その保育園ですごく面白いなと思ったのは、実践スタイルが他の保育園と全然違うということです。まあ、文字を教えないといっても、お母さんたちが教えちゃうこともありますし、テレビも観ますし、必ずしも原則通りではないでしょうが、そういうレベルの高い理念を持っているというところが、いいなと思いました。それと、とにかく自然環境がものすごくいいですから、海を臨む草原で自由自在に遊ばせたり、ヨモギ摘みに行く。そして、すぐにそれを蒸して、ヨモギ餅をついて、自分たちで黒いあんこを詰めて大喜びで食べたりしているんです。**火を使ったり、水を使ったり、水と戯れたり、川の石ころで遊んだり、木に登ったり、草や土をいじったり、存**

分に動物とふれあったりしているんです。それから、ゼロ体験と呼ばれる、限界を超えるような体験、例えば漆黒の闇夜の体験や、蒸し暑い体験をしたり、厳寒の冬山で合宿したり、そういう厳しい自然体験をものすごく大事にしているんですね。教育の方では「原体験」[7]という言葉を使うんですが、こういう体験というのは、子どもたちの心と体にたくましさを育てるんじゃないんでしょうか。子どもたちが自分たち自身の意思で伸びるための〝原型〟を育んでいる気がします。

茂木　脳回路でいうと、感情のシステムがすごく鍛えられると思います。僕、小学校に上がる前から、ずっと蝶々をとっていて、伊藤さんという大学で昆虫学を専攻されている方が僕に、専門的な昆虫道具とかも教えてくれて、志賀昆虫っていう渋谷にあったお店で全部揃えて、日本鱗翅学会という、蝶や蛾を研究する学会にも小学校1、2年くらいから入っていました。その時のことってやっぱり原体験なんです。ゼフィルスといって、6、7月にしか飛ばない、梢の高いところを飛んでいる、きんきらきんのものすごく綺麗なミドリシジミという蝶がいるんです。そういうのをとりにつれていってもらって、梢の上を飛んでいて、ああ、あれとりたい！って思うんだけど、でも届かないでしょう？　その憧れの気持ちだとか。そういうのが知識として、ダーウィンの進化論なんかを知る前から、原体験として染みついていたし、そのゼロ体験というんですか？

尾木　ゼロ体験というのは、例えば、真っ暗な闇なんて怖いじゃないですか。東京ではなかなか体験できないんですが。真っ暗な闇で怖くて、ふっと空を見たら、満天の星が輝いている。思わず息をのむ。そういう体験のことを、ゼロ体験というんです。めちゃくちゃ蒸し暑い日があって、汗だらだらで、熱中症になりそうになる、それだって、「ある意味で」一種のゼロ体験です。普通の範囲を超えた体験のことをいうんです。確かに未知の世界に住む虫を採るのは「原体験」ですね。

茂木 僕、クツワムシをとりにいったとき、そうでした。クツワムシのこと、ガチャガチャって僕たちは呼んでいたんですが。

尾木 ガチャガチャ？

茂木 それをとりに子ども会で神社の森の真っ暗な中に行ったんです。ライトを付けてしまうと、クツワムシが気付いて逃げてしまうんで、ぎりぎりのところまで、真っ暗な中を手探りで歩いていく。がしゃがしゃがしゃがしゃがしゃって音がしていて、最後の最後でプチってライトを付けてピシッてとるんですけれども、それがゼロ体験でしたね。ふふふふ。いまでも覚えていますよ。

尾木 覚えてますよね！　僕も世代的にほとんど同じ体験をしています。僕の方がもっと原始的かもしれない。

茂木 どんなことをやったんですか？

尾木 カブトムシなんかをとる。僕は結構名人だったの。林の中でも、この木っていう秘密の木があるんですよね。

茂木　どうやってとったんですか？

尾木　蜜なんか仕掛けたりして。それから、蜜がたくさん出る木が決まっていてこっそりとあるんですね。

茂木　クヌギとかですかね。

尾木　クヌギですね。木の幹に洞穴があるところにたくさんくるんですけれども。どの木、どの木って、大体見当を付けてとるんです。

茂木　我々はね、蹴ったんです。

尾木　あ！蹴ると落ちてくるから？

茂木　木を蹴ると、クワガタなんかがばしゃばしゃばしゃって落ちてくるでしょう？　それで、落ちた音でとるんです。あいつら、落ちると、急いで草むらの中に隠れようとするから。それをぴゅっぴゅっぴゅっぴゅってとるんです。やっぱり今考えると野生児ですよね。

尾木　すごい楽しそうですね。僕はもっと女性的ですよ（笑）、とり方が。

茂木　1匹1匹丁寧に。あ！その頃から、「尾木ママ」だったんだ！（笑）。

尾木　尾木ママだったんですね～。そっ、そっ、そ～っと探し歩いてね、ふふふふ。

茂木　いや、でも確かに、落ちた音とか気配とかで、大体これはノコギリクワガタだとかわかりますね。

尾木　わかりますよね。大きさからみんなわかります。何が落ちたって。

茂木　あのスリルとか、体験って、やっぱり、かけがえのないものですね。

尾木　うわー、僕一度も味わっていない。悔しいなぁ、でも見当が付く。いや、すごいなあ……。

「生の体験」だと伝わるし身につく

茂木　僕一度、フラッシュカードをやっている人たちに呼ばれて、話してきたんですが、話している相手が変だと思った、先生たちが。あれ宗教みたいですよね。

尾木　あ、そうなんですか。

茂木　あ、話されたこと無いですか？

尾木　僕、ないの。そんなところ行ったら殺されちゃうかと思って（笑）。ふふふ。

茂木　尾木先生の場合は、そっか。反対しているって向こうも知っているから、呼ばないんだね。

尾木　ええ。

茂木　いや〜、すごかったですよ。子どもが特定の工業製品みたいにされていっちゃう。フラッシュカードって、すごく難しい、例えば、魑魅魍魎っていう単語なんかを、ぴっぴっぴ、と見せて、子どもたちに読ませるんですよね。意味がわからなくても、瞬間的にとにかく読ませるの。

尾木　薔薇とか、憂鬱とか。

茂木　脳科学的にいうと、単純な機械学習に過ぎないんだけど、そういうことを幼稚園の時からやっている。

尾木　それが身体的な領域になると、逆立ちして、たったったったーと走れるとかいう、○○式になるのかな。あれは、テレビ局もよくないですよね。テレビ的には「絵になる」からすぐにとり上げる。

茂木　**そういうのとは全然違って、原体験は、扁桃体という感情の中枢を思いっきり働かせることになると思います。ここは、記憶の中枢である海馬なんかとすごく結びついているので、まず、そういうことって強烈に覚えているんですよね。**

尾木　覚えています。今でも、色や音が強烈にイメージできます。

茂木　それってやっぱり、テレビを見るのと全然違う、深いものです。有名な研究がありまして、パトリシア・キュールという人が、アメリカ人の子どもに中国語の発音を教える研究をしたんですが、ビデオを見せただけだと、子どもは全然覚えなくて、生身の中国人のインストラクターが目の前にいて教えていると、ちゃんと母音を聞き分けるようになるんです。ビデオだとダメなんです。こういうことは研究で非常にクリアに分かっているんです。

尾木　そしたら今、ネットでやる授業ってあるじゃないですか。

茂木　それはちょっと微妙なんです。

尾木　あれは微妙なんですか。

茂木　大人になると、ある程度、シンボリックな思考ができると思うんですが、**特に幼少期は、生の経験が大事**だということがわかっているんです。

尾木　そうか、そうか。大人と違うんだ。そこは——。

茂木　ええ。でも、大人でもおそらく、生身の外国人が目の前にいて、英語をしゃべるのとは全く違うはずですよね。

尾木　あれはなんの力なんでしょうね。講演でもそうですよ。やっぱり、生でやると、みんなに伝わる。

茂木　そうですよね‼　だって、尾木先生はテレビにも出ていらっしゃるし、ビデオで見ればいいのに、なんでわざわざ見に行くのかというと、やっぱり、「生の尾木ママ」を見たいっていうことですよね。

尾木　そして、見ただけでわかったような気持ちになる（笑）。

茂木　それですよね。生ってやっぱり、すごく大事なんだ。

尾木　**生ですよね。生の体験。それなしに、ペーパー上で、とか、一方的にトレーニングを大人**

からされて身に付いたものというのは、やっぱり厚みが違うのかな。その後の発展性が違うのかな。

〝演じて学ぶ〟、演劇のすばらしい教育効果

茂木　結局、それって、初等中等教育にもずっといえることで、みんなで協力して何かを作る、みたいな、班じゃなくて、競争じゃなくて、そういう生の経験をどれくらい積んでいるかが、やっぱり大人になってから、例えばどれくらい柔軟に仕事ができるかってことともつながっていくと思います。**アメリカとか、ヨーロッパの人としゃべっていて気付いたんですが、日本の教育にないものは、「演劇」なんですよね。**

尾木　あ！演劇。もう、本当にそうなの。すばらしい教育効果を持っているんです‼

茂木　演劇をやるんですよね、彼らは。

尾木　演劇は、今、韓国でも英語教育の中で重視し始めています。まったくやらない、無視しているのは日本ぐらいじゃないですかね？

茂木　座学のペーパーテストでできることばかり、というのは全く時代に逆行していますよね。

尾木　身体動作を通して、いろんな役をやってみる、なんていうのは、すごく人間理解が深まり

ますよ。

茂木　すごく効果があるようですよね。生で、お互いに、場を共有して、協力し合ってやるというのは。

尾木　ヨーロッパでは、多くの国が高校なんかでは、必修じゃないですか？

茂木　あ、そうですか！　演劇って、総合的なものですからね。脚本書く人もいるし、演技する人もいるし。

尾木　舞台装置も作るし、音響とか、照明とか、まさに総合芸術ですよね。

茂木　平田オリザさん（劇作家・演出家）がある時言っていましたけれども、演劇の素晴らしいところは、例えば、日本人がアメリカに行って、すぐに演劇をやれって言われたとする。それで、英語しゃべれないから、って言うと、じゃあ、英語がうまくしゃべれない外国人の役を作るからやれ、ってことになるんだそうですよ。それって、良いですよね。

尾木　なるほど〜。

茂木　**跳び箱も、全員が跳び箱を跳べるんだと、演劇にならなくて、跳べなくて困った子がいるから、ドラマが生まれるんです。**給食もそうですよね。給食を全員が食べられると、ドラマにならなくて、なんか食べられないで迷っている子がいて、初めて演劇になる。

尾木　カナダのいじめの対策では、先生は教室のいじめの状況から、シナリオを書いて、いじめている子には、いじめられる役をやらせるそうですよ。キャスティングして、演じてみろって。それがすごい効果的なの。演技でやっていても、こんなにイヤな気持ちになるんだって、はじめていじめられる側の辛さがわかるのね。

茂木　いいですね～。日本の教育って、かなり教育ビッグバンしなくちゃいけないんですけれども、やっぱり、幼少期の経験って大きいのかな～。

ママとの愛着こそ子どもの「安心基地」

尾木　それから幼少期の親子の在り方っていうのもね～。「基本的な信頼感」をこの時期にどう豊かに形成するかが、子どもの発達・成長にとって決定的に重要だと思うんですよね。

茂木　そうですよね～。

尾木　今朝あるラジオ番組を聞いていたら、5ヶ月の赤ちゃんがいるお母さんが質問していて、「5ヶ月の赤ちゃんがパパに抱っこしてもらうと、すぐに泣く」って言うの。ずーっと、ひどい泣き方をするって。それで、「私が抱っこするとすぐ泣き止むんだけど、どうしたらパパが抱っこしても泣かない子になりますか」って相談なの。でも、無理よね～、それは。そんなの本能で見分けているのよ。お母さんの肌触りと、おっぱいと、全部わかっていて、**それは、お母さんと**

の愛着ががっちりと形成できている証拠なのよね。だから本来ならわが子の成長を喜ばなくちゃいけないの。他人に渡した途端に泣く、というのもある意味母親にとっては喜びなんですよ。ママとの信頼がもう形成できてきたんだって。

茂木　そうですよね。

尾木　それが、悩みになっちゃうのね〜。母子関係をどう形成するか、愛着だとか、基本的信頼感だとか言われることがものすごく重要だという原理・原則が、理解されていないの。**だから授乳しながら、メールを見たり、パソコンを打ったり、テレビを見たり、「ながら授乳」してしまうんです。顔を見て、わーあ、上手ねえ、とか、おっきな子になってねえ、とか、そういうやりとりが余裕を持って出来ないの。**やっぱり、子どもが冒険できるための、何かに挑戦できるための、**安全・安心の基地がお母さんの役割だと思うんです。そこの基本が揺らいできている。それも虐待とか、そういう重いレベルの問題ではなくて、子育ての情報不足や社会的ケア体制の不充分さ、つまり、ママ支援の弱さゆえにそういった状況になってきているの。子どもたちの気持ちになると、すごく悲しいですね。**

茂木　お母さんが、ジョン・ボウルビィのいう、愛着形成[8]をできなくなっている時代なんですよね。**お母さん自身が色々な情報に惑わされちゃっている。**早期教育でもそうだし。

尾木　そうなのよ！

茂木　**お母さんが、お母さんであることを輝かせられない時代っていうか。**さっき「今を輝かせることが大事だ」っておっしゃったけれども、お母さんであるっていうこと自体を輝かせないといけないよね。なんか右往左往しているっていうか。

尾木　情報だけはたくさんあるの。ネットで検索すれば大量にある。でもそれに振り回されている。お母さんたちがかわいそうです。

茂木　うちの子、何ヶ月でこうだけど、大丈夫かしら、みたいにね。

尾木　そう、それで先のことばっかり気にしているの。この先にちゃんと立派になるために、とか。評判のいい幼稚園に入るために、とか、小学校で集団生活できるように、とか。**子育ての今を楽しむ余裕っていうか、母性性を味わうっていうか、堪能するっていうか、それができないのね。常に頭にあるのは、2、3年先ですね。将来を作ってあげるのが、母親の役割、みたいに思ってしまっているの。**もちろん、そうなってしまっているのは、母親だけの問題じゃない。父親も同時に赤ちゃんや子どもの発達について科学的に学ぶ必要があるし、子育ても共同でやっていかなくちゃ。社会や企業も、子育てを母親だけが抱え込まないように、いろんな面からバックアップすることが必要ですよね。**今を赤ちゃんと一緒に楽しむ！　それが大事ね。**

「分けられた」教育で人間観が歪められている

茂木　創造性は大事だけれども、今の日本の教育の問題点って、創造性以前の問題であるような気がします。例えば、尾木先生みたいな方がおられた時に、「尾木先生だからそんなに創造的になれるんであって、私たちは関係ない」と思う方が多いのではないか。子どもたちが無力感にとらわれているし、確たる教育を受けてきた人たちでさえ、自分たちには何も出来ないと思い込んでいるところがあると思うんです。創造性の手前の所で、つまずいている。僕はツイッターで色々言っているんですが、その時の反応を見ていると、そんな気がします。「茂木さんの言っていることは、一部のエリートのためのことですよね」って言われてしまう。

尾木　僕はブログをやっているんですけれど、そこでの反応でも同じように感じることがあります。

茂木　ああ、そう感じられますか。

尾木　尾木ママになってからは特に。僕が接するのは、まったくの普通の一般の方々ですから。その層の方たちが本気で動かなければ、日本はまったく動かないんですよね。

茂木　**本当は創造性って、誰にでもあるのだけれども、ないと思い込まされている。そこが問題**

なんだと思います。

先ほど尾木先生が、教育委員会は解体すべきだとはっきりおっしゃった。教育に関して、ストロング・オピニオンをお持ちというところが、尾木先生はすごいな、と思うわけなんです。この本で、日本の教育についての底知れない、危機感というか、恐怖感が出てきたら、意味がある気がします。こういうことを言うと、誤解されてしまうかもしれないんですが、僕自身も被害者だと思っています。僕はずっと成績も良かったし、偏差値も高かった。だけど、もっと違う教育もあったんじゃないの、って思うんです。僕は、大学に入るまでのものを、巻き戻しして、学び直さなければならなかった、という感覚がすごく強いです。みんなマインドコントロールされているようなところがあると思うんです。

尾木　マインドコントロール、というのはすごく感じますね。今日も、僕はブログでインクルーシブ教育[9]のことを書いたんですね。今の日本だと、それとはまったく逆で、子どもたちはきめ細かく分別・選別されていくわけですよね、ＩＱがいくつ、とか何ができる、できないとかいう基準で。発達障害の子どもたちの問題、心身障害の子どもの問題なんかも含めて、この「分けられた」教育で、一体どれほど日本の教育の発展が阻害されているか。そして、どれほど一人一人の人間観が歪められているか。そういうことを書きました。〝個別教育〟というのが前提にあれば、天才的な子はもちろんどんどん伸びていけるし、重度の発達障害がある子ももちろん伸びていけるんです。そしてそういう個と個の深い関わりの中で、それぞれ子どもたちが、それぞれの違いが個性としてとらえられていく。

ヨーロッパに行くと、車いすの人が街にたくさん見かけられます。普通の日常風景の感じで。一方、日本では街であまり見かけません。トイレなんかでも、鉄パイプの手すりなどがついた多目的トイレがあちこちに必ずあるのに、あれを車イス等の方が使っておられるのを、僕は一度も見たことがないんです。本当に、友愛で、いろんな人が、障害なんかも含めて、個性として認め合って、支え合っている社会というのに、日本はまったく縁遠い。全部が細かく分けられている。

今では、小中の授業まで分けられているんですよ。同じ算数でも、「のぞみコース」「ひかりコース」「こだまコース」なんて。習熟度別授業といって、小学校から、能力別に分けられるんです。「あなたはこだまコース」なんて言われて、小学校の低学年でそこへ入れられたら、6年生の段階で追いつくことはできないんです。それでも、その段階別にテストをやれば、満足度はすごく高いです。「うわー、うちの子80点とれたわ」って、点数だけ見て喜んでいる。のぞみコースの進度の速いクラスの試験問題をやったら、0点かも知れないのに。はじめから、こうして分別されているんです。今の意欲のない青年の問題というのは、こういうところにある気がします。こんな状況になったのは、2001年くらいからで、これがもう定着してしまって、今の学生なんかこれが当たり前だと思っています。僕はすごく違和感があります。変革への意欲もパワーもなくて、はじめから「社会は変えられない」なんて思い込んでしまっているんですよ。

茂木　僕は、インクルーシブ教育については、こんなことを思い出します。僕は、「一人学級崩壊」みたいな子どもで、小学校2年生の時には、教室の木造の机の上に、運河を彫っていました。先生の話を聞きながらずっと、ものすごく細かい運河を彫っていて、そこにボールペンの先のボールをころころころと転がして、自分の世界を作って遊んでいたんです。先生に見つかったとき、ものすごく怒られました。生涯で出会えたらいいな、と思うものを一つあげろといわれたら、僕はその時の机をあげますね。おそらく、もう捨てられていると思いますが。でね、その小学校2年の時の、2学期か3学期に、ある女の子と一緒に何かで注意をされて、教室の後ろの床に座らされていたんです。それで、注意されているにも関わらず、まだ、その後ろの床で、その女の子と一緒に紙粘土で遊んでいた。その女の子は、すごく人間的に温かい感じで、女の子として好きだというよりは、人間的に心がふれあう感じがあったんです。なのに、小学校3年生になったら、その女の子、特殊学級に行っちゃった。今だったら、なんていうのかな……。

尾木　特別支援学級のことでしょうか。

茂木　ええ。僕は成績だけ見たら、ずっと優等生だったけれど、次の年から特別支援学級に行ってしまった女の子と一緒に、先生に注意されて、後ろに座らされていた。その時の光景は、僕にとっての一つの小学校の時の原点というか、幸せだったんです。ところが彼女は、次の年から、特殊学級っていうところに行ってしまった。今ではどうかわかりませんが、当時は、特殊学級に行ってしまったら、別の世界に行ってしまったような感じで、まったく行き来がなくなってしまった。

尾木　隔離されてしまうでしょうね。

茂木　ええ。今でもそうなんですか？

尾木　今でも基本構造はそうですね。特別支援学校や、特別支援学級に入ったら通常学級との関わりが少なくなってしまいます。特別支援学校っていうのは、学校として独立したもので、特別支援学級というのは、普通の義務教育の学校の、はじっこの方に併設されているクラスのことです。そして、今は通級制度があり、特別支援学級に在籍はしているのだけれども、ホームルームの時間や、社会の時間なんかには普通学級に移動してきて、できるだけみんなと一緒に学ぶというシステムもありますね。そういう三つの段階に分けられています。

茂木　僕の理解では、そういう風にして分けることの前提って、ちょっと学習の苦手な子が、より学習しやすいように、という配慮と、そういう子が一人でも学校にいると、うちの子の学習が遅れてしまう、というような、最近モンスターペアレントとかいわれることがありますが、そういった方々の意見とがありますよね。

尾木　ええ、確かに、学習が遅れて迷惑だから、隔離してほしい、というような気持ちもあるようです。でも、２００６年には、国連「障害者権利条約」で提案され日本でも２０１２年に報告書が提出されています。インクルーシブ教育というので、心身に障害のある子なども全部含めて一体として教育していく、という方針が採られたことがあったんです。でも、2年位で挫折した。
茂木　上手くいかなかったんですか。
尾木　ええ。今の体制の中に、発達障害の子だとか、色々な子が入ってきても、上手くいくわけがないんです。担任は一人しかいないですし。
茂木　やっぱり人的資源が足りないんですか。
尾木　ええ。人的資源が足りないのが一つです。そして、もう一つは、日本の授業システムが一斉画一方式だということです。
茂木　なるほどー。

できない子が抱く疑問こそ「知性」

尾木　みんなに「ここまで到達させる」という具合にやるから、そこまで来なかったら、落ちこぼれというようにみるわけで、そんな中では、子育ても上手くいくはずがないんです。でも、さっき言った、今のシステム、習熟度別に3段階に分けるやり方というのは、それですごく学習が前進したと、国民的には評価されているんですよ。本当はまったくそんなことはないのに。

本当は、個別に、個人の状況に応じて、伸ばしていけばいいわけです。小学校6年間という長いスパンの中で。早い子は5年くらいで中学レベルまでいっちゃうかもしれない。そういう子はどんどん伸びていけばいいわけで、遅い子はじっくり獲得していけばいい。そして、また違う領域が優れている子には、そこをサポートできるような体制をとっていけばいい。個の能力だとか、特性に応じた教育に入らなければならないんです。そうすれば、インクルーシブ教育は可能になるんです。日本の場合は、なんでも、「絆」とかいって、一つに、一つにとまとめたがる。集団主義的なスタイルをやるのが大好きなんですよね、

茂木　そういう行き過ぎた同調化、均質化圧力が、勉強をできる子にとっても、できない子にとっても、ストレスになっている気がします。いろんな人が同じ空間をシェアすることというのが僕は大事な気がします。だって、社会ってそうじゃないですか。例えば、数学がすごく得意な子と、国語が得意な子がいて、国語が得意な子って、数学が得意な子に少し劣等感があるけれど、逆に、すごく小説を読んでいたりする。それが社会じゃないですか。そう考えると、授業っていうものすら、ちょっと変なのかな。**同じ空間で、ちょっと違うことを勉強している、というのが一番社会に近い気がする。**

尾木　それが、実は奪われたんです。今の習熟度別授業によって。そして、そこでいう「できる」というのも、**ただ答えが合っているという意味あいでの「できる」というだけであって、道理が「わ**

かっている」という意味ではないんです。問題を解かせたら、のぞみコースの子は、スピード速く満点がとれる、真ん中のコースの子は、平均60、70点、こだまコースの子は20、30点、というだけで、それは、「できる」力であって、「わかる」力ではありません。

習熟度別授業が始まってすぐの頃だったんですが、静岡である校長さんにお会いしたら、「尾木先生、このシステム、どうもおかしい気がする」って言うんです。習熟度別では三つに分けると言いましたが、この学校は工夫して、一人の先生が三つのグループとも教える、ということにしたそうなんです。そうすると、それぞれの特徴がわかるということで。できるクラス、真ん中、できないクラス、それぞれの特徴が。そうしてみてわかったのは、できるところというのは、ただスピード速く解けるだけで、本質的な疑問をぶつけてくるのは、一番できないところだったと言うの。算数の授業をやって、最もレベルの高いのは、できないクラスなんだ、と。どういうことかというと、例えば、時間と、距離との関係を、5年生くらいで習うんですが、できる子たちは、練習問題をやって、公式に入れてあっという間に解いてしまう。ところが、できない子のクラスは、「先生、何キロの所を、時速何キロで走れば、何分かかるでしょう、とかいう問題はおかしい。その道は、ひょっとしたら、坂道だったかもしれないし、じゃり道で何回も転ぶかもしれない」なんて、生活実感に則して言ってくるから、すごく学びが深まるそうです。その先生は、できない子たちが投げつけてくるそういう疑問を、できる子たちに、君たちは答えられるかいとぶつけたい、と言っていました。

茂木　今の話は、すごく本質的な問題ですね。現実と、理想化の違い、ということで、それって、物理学のすごく根本的な問題なんです。物理では、摩擦がないと仮定する、とか、いろんな理想化をするわけですけれども、現実の世界では摩擦があるので、それをどうするか、って問題が出てきます。それに、例外っていうのもあるから、それをどう扱うか、ってことも考えないといけない。知性って、本当はそこにありますよね。**できない小学生たちが抱いている疑問こそが、知性ともいえます。クリティカル・シンキングって、まさにそういうことですものね。問題の前提を疑う、という。**

尾木　できない子たちだからこそそういう本質的な疑問を、にこやかに出してくるんです。できる子たちは、そういうものだと思い込んで、問題を見た途端に解き始めるから、疑問を抱かないわけなんです。そういう素朴な疑問の面白さみたいなものを、話す機会がまったくない。こういうことが日本全土に蔓延しています。もう十何年も、こんなとんでもないことをやってきてしまっているんです。小さな学校で、一つしかクラスがなくても、二つ三つに習熟度別で分けているケースもあるんですよ。

茂木　**そんな風に分けていたら、子どもたちの間に、ある種の差別意識みたいなものが生まれてしまうかもしれませんね。**

尾木　そうなんです。実際に差別意識がすごいの。**差別意識から脱出したり、反発したり、変ないい方ですが、荒れたりしてくれればまだいいのですが、逆にそのまま従順になってしまっているのです。**

茂木　**じゃあ例えば、成績によって、行く大学が違うとか、職業が違うみたいなところまで、子どもたちは見えちゃっているんですね。親がそういうことを言うから。イヤな世の中ですね。**

尾木　そういう意味では、僕が中学校2年生の時には、道徳の教科書かなんかに、知能指数がのっていて、その右側に、それに当てはまる職業っていうのが書いてあったこともあったんですよ。それを見て、あいつは何々になるけれども、僕は何々か？なんて思って、なんか変だな、と思った。でも、明くる年位に、国民的な批判を浴びて、その教科書は廃止になりました。僕はそんな貴重な体験をしましたね。

茂木　そんなことがあったんですか！　なんでそんなことやろうとしたんだろう。

尾木　**僕は鮮明に覚えています。頭が良くならないと、職業が決まって、変わっちゃうんだ、って思った。**

茂木　**階層化とか、そういうものって、僕は正直、古いと思います。今、インターネットがあるので、本当は、やり方さえ教われば、いわゆる所得の少ない家庭の子も、すごく良い情報にアクセスできる時代です。むしろ、僕は、そういうことこそ、学校で教えるべきだと思うんです。そもそも、**

階層化という概念自体が古いです。例えば、高学歴ワーキングプアみたいな人はいっぱいいるわけです。僕の学生で博士号をとった人たちだって、苦労しています。別に学歴が高いからといって、経済的に恵まれているわけではありません。なんか幻想というか、**もう昔の制度で、もう古いのに、未だにそれが人々の中でリアリティを持っている。偏差値だとか、習熟度別クラスだとか、大学入試だとか、そういうものって、昔の残像のような気がします。**本当のところ、現代ではあまりリアリティがないのに、なんか、それにとらわれちゃっている。

「創造性」はクリティカル・シンキングか

尾木　**いい大学に入ったら、いい企業等に就職できる、保障があるという学歴信仰は、もはやグローバル化の中でほとんど通用しなくなってきていますよね。**4年制大学に行けば、正規社員で就職できる、なんていうことはなくて、今日の日経新聞によれば、6月1日時点で大学生の二人に一人しか内定取れていないということです。昔みたいに、4年制大学を出れば、8割9割社員になっていける、という状況はとっくに終わってしまっています。ブランド大学だから、エントリーシート段階では選ばれる可能性が高くなるなどというメリットくらいはあるでしょうが。こんなに大学人も困っているし、学生も右往左往しているというのに。**この幻想というのは、なん**

でこんなに、強固なんですか？　見れば分かると思うんですが。

茂木　**やっぱり、疑うことを知らない。僕は、やっぱり、何を教えるべきかというと、疑ったり、異議申し立てをしたりするスキルだと思います。**そういうことを、小学校とか、中学校のどこかで教えなくてはならない。常識というか、いままでの観念を疑うことが創造性なんだと思うんです。例えば、昔LPというのがあって、CDなんて音がアナログに比べると悪い、と言っていた人がたくさんいたのに、いざCDが出てきたら、LPがなくなってしまった。更には、消費者というのは、モノがないとだめだから、音楽のネット配信なんて無理なんだ、とか言われていたのに、アップルがiTunesを始めたら、CDがだめになっちゃった。**大体、新しいものが生まれてくる時って、旧体制を支持する人から、そんなの無理だよ、って言われるんですが、常識にとらわれずに、何か進めようとする人が、結局創造性を発揮する人なんです。だから、本当に創造性を育む教育をしたいのだったら、「先生を疑え。教科書を疑え」って教えなければいけない。**でも、今の日本の教育は、「先生の言う通りにしましょう」って言うし、教科書だって、国が検定した教科書で「これが正しいんです」って教えるんですからね。そもそもの教育観、学力観が間違っていて、それでは創造性は育めないな、と思ってしまいますね。

尾木　教科書の問題も、教科書を検定するだけでなく、文言まで決めようという動きがあります。こういう文言を入れなくてはいけないって。完全に国定教科書です。**これで本気で伸びていくっ**

て、思っている人がいるんだろうか。まあ、いるから、そんな案が出てくるんでしょうけれども。

茂木　科学者は、論文を読むとき、必ず批判的に読むんです。それは、もうトレーニングなんで、本当にこのデータは正しいのか、本当にこの解釈は正しいのか、って批判的に読まなかったら科学じゃないんです。例えば、脳科学の教科書を作る時に、必ずこういう言葉を入れなくてはならない、とか、ここの部分の機能はこうであると教えなさい、とかいうのは、科学じゃなくて、宗教なんです。だから、正直、日本の検定教科書というのは、宗教です。文部科学省というところが教祖になって、子どもたちを洗脳するという、恐ろしいシステムだなと僕は思います。何を言っているのか、まったくわかりません。僕が教師だったら、「こんな検定教科書なんて信じるな！」って言って、全然違う授業をすると思います。

ガンコな脳には想像力がない

尾木　本当に困りました。そんな調子で何十年か来ちゃうと、こんなに膠着しちゃうっていうか。若者が育っていないんですね。それから、僕が疑問なのは、この間の6月21日に、「いじめ防止対策推進法」が成立したんです。これは中身的に、色々な問題、本質的な矛盾を随分抱えたままです。なんせ衆参両院合わせて、４時間あまりの討論で一気に成立したようですが、僕は、今ここで成立させなければならないと賛成でした。後で軌道修正したり、付帯決議でも補強したりして、ズレるのを歯止めをかけていくという方式、とにかくつぎはぎの、絆創膏でも付けた形でもいいからスタートさせないと、自殺する子を防げない、遺族もむちゃくちゃ苦しんでいますし、その救済に入っていけない、という問題があったんです。それにそういう法律ができないと、学校現場も変わらない。ある程度方向付けてあげたり、必要な人員を配置したり、組織していかなきゃいけないと思って、成立に賛成したんです。

でも、その議論の中で、非常に特徴的だったのが、何回議論してもわからない人たちがいることでした。こうした方がいいんじゃないか、いじめの定義はこうじゃないだろうか、といいものを作ろうと、みんなで様々議論するわけですが、理解の仕方が違う、解釈の仕方が違う、というのは当たり前のことにしても、同じ現象・事象を見ているのに、そもそもそれらが見えない人がいる。こうなんですよ、と事実を示してもダメなんです。一番端的なのが、いじめと道徳教育の関係です。道徳教育を強化すればいじめが無くなる、なんてことはあり得ないんですよ。だって、大津の場合、当該中学校は2年間文科省の道徳教育の全国研究指定校だったのに、あの事件が起きているんですから。これをどう考えますか、と事実をぶつけても、あまり聞こうとしないんです。いじめる子を出席停止にしたり、別室指導したりすれば、いじめはなくなる、なんていうことも、そんなことはあるはずがなくって、加害者、被害者が入り組んだり入れ替わったりしていて、日常化・流動化しているのが現代のいじめの特徴です。それに具体的ないじめで、自殺が起きた事案なんかを丁寧に見ていくと、クラスの20数人がいじめに加わっていたりしている。その子たちをすべて出席停止にしたら、ほとんど学級閉鎖状態ですよね。現実的にあり得ない。だから学校現場では、この5年間で、数十件しか出席停止を発動していないんです。そういう事実を見ていって、これは有効じゃないんじゃないかと、議論する力がまったくない人々がいる。真実は一体何なのかと、論を立てて見ていこうとまったくしないで、我流の主張だけまるでオウム返しのように繰り返す人々がいるんですね。教育界にも多いです。体罰の問題だって、これだけ色々議論になっているのに、まだ8割もの教員が体罰はアリじゃないかと思っているというデータもあります。この間も高野連の監督の1割もが体罰を容認していると、新聞で報道されていました。

脳科学的にいうと、そういう、いわゆる頑なな方の脳というのは一体どうなっているんですか？

僕なんて、何か話を聞くと、ああそうかーって、ころっと考えが変わるわけではないにしても、新たな捉え方の枠が拡がったり、新しいものを取り入れたりして、日々変化していると思うんですが。彼らは変わらない。何年も同じ事を繰り返し言っている。

茂木　眼窩前頭皮質《がんかぜんとうひしつ》というところが、反省して態度を変化させるということの非常に重要な場所なんです。この領域は何をやっているのかというと、現実と、もう一つの可能な現実というか、仮想現実とを比較するということをやっているんです。つまり、反省でいうと、過去に自分はこういう行動をしました、というのが現実で、だけど、これこれこういう行動をすることもできた、という仮想現実もある。では、これとこれとを比較したらどっちがいいでしょう、ということをこの領域はやっている。現実の行動より、こっちの方が良いから、自分の価値観を改めて、こっちにしましょう、って考えるのが、反省するっていうことです。あるいは、現実を批判的に見るっていうことです。そうしてみて初めて行動変化が起こるんです。

つまり、日本の中で、今の教育システムがあるのはわかります。検定教科書があって、学習指導要領があって、教育委員会があって。まあ一定の成果も上がっているだろうけれども、大きな弊害がある。どっちかというと弊害の方が今は大きい。これが現実です。それだったら、もう一つ、できたかもしれない教育っていうのがある。**もっと自由で、個人の個性に基づいて、一人ひとりに寄り添って見る教育。そっちの方が良いんじゃないかって僕は思う。**そういうときに、その尾木先生のおっしゃる変わらない方というのは、現実以外のもう一つの仮想現実、あったかもしれない日本の教育というものを、思い描けないんだと思います。**「現実がそうだからしょうがない」と言うのは、現実以外の何かを思い浮かべる想像力がないんですね。**

尾木　やっぱり想像力の問題ですか。学生に関しても、僕が「いや、こういう考え方もできるでしょ?」というと、「あ、そうですか……」と、しらけた反応が返ってくることもある。「私もそう思っていました!」「そうですよね!」って感じじゃない。数年前の学生は、「そうですよね!」

と握手してくるような雰囲気があったんです。今の学生に関しては、深く相手の感情を揺さぶったという実感が持てないんです。すごく空しいの。わざわざ僕のゼミを選んで来てくれているのに、熱さがないの。

学びへの意欲奪われた子どもたち

茂木　**岩波書店が戦後に、『西田幾多郎全集』を出し始めたとき、書店の前に人々が列を作ったという感動的なエピソードがありますよね。知というものが、憧れの対象だった時代があった。**うちの親なんかも、時代的なこと、経済的なことがあって、自分までは大学に行けなかったけれども、弟からは行けた、みたいな感じだから、大学に行く、学問をする、ということに対して、純粋な憧れの気持ちがあるようです。**今の時代って、学ぶっていうことに対する感動や、好奇心がない感じがします。だからこそ、処世術になっちゃっている。**この世界はこういう教育システムで、こういうことをすると、この程度の仕事に就ける、みたいな。そもそも学びというものが、かけがえのないもので、その学びをより強いものにするためには、現実を変えた方が良いんだ、という、そのそもそもの動機付けがない気がします。

尾木　ないんです。

茂木　最近どこかで見たんですが、外国の子どもの話を聞いて、はっと気付いた、ということを日本の学生が書いていましたね。外国には学校に行きたくても行けない子たちがいる。例えば、アフガニスタンだと、女性は学校に行っちゃいけないとかいって、タリバンみたいな狂信的な人たちが学校に行く女学生を襲撃している。そういう国の話を聞くと、案外はっと気付くのかもしれません。あまりにも、今の子どもたちって、学びを当たり前だと思ってしまって、いかにそれが大事なことかということを、忘れてしまっているのかもしれません。なんか感激がないですよね。

尾木　知的学びを通して感情がぐーっと大胆に動くという場面をあまりみないですね。

茂木　大学も、昔は、学問の府で、そこに行くと本格的な学問が学べるという憧れがあったんですけどね。今は完全に、学生の意識の中では、就職予備校ですよね。

尾木　どう就職率の実績を上げるかって、大学も自らそれに迎合してしまっていますものね。

茂木　大学さえも、通過点になっちゃっているんですね。

尾木　前に、ある大学に講演に行った話をしましたね。その後、教員養成で有名な別の大学に行ったんです。驚いたんですが、そこには同窓会ではなくて、現役の学生の保護者会があるんです。そこで何を話してくれといわれたかというと、テーマは「大学における学び」と「就活」。そして「いじめ問題」です。現役の大学生の親御さんにいじめ問題を語るなんておかしいな、学生も保護者と一緒に聞きに来るのかなあ、それでそこの学生を対象に話をするのかなあ、と迷ったんですが、いらしたのは純粋に保護者の方ばっかり。講演が始まる直前の打ち合わせで、責任者の方に、「どうしていじめ問題について親に話すんですか？」と聞いたら、「私たち親がしっかり、いじめ問題に対して学習し、どう指導し、どう解決しなくちゃいけないか、という話を聞いて、家で息子や娘たちに、尾木先生がこう言っていたと聞かせるんです」と言うんです。「うちの大学は教員になる率が高い大学だから、そういうことを知っておかなきゃならない」と。

茂木　それだったら、学生に直接聞かせればいいですよね。

尾木　そうなの。直接聞かせた方がいいのに、親に聞かせるの。会場に入ったら、みんな子どもに教えるために、だーっとメモを準備しているの。新幹線に乗ってかなり遠い地方からもわざわざ来てくれたそうです。子どもに教えるんだと、親が目を輝かせてやって来るってのは、なんかおかしいと思いました。「熱心」という範囲ではないなと思います。

茂木　飢えがないんだなあ。たとえ、今の文科省、教育委員会、検定教科書、という教育システムに欠陥があったとしても、子どもの方に学びの意欲があったら、それを乗り越えていく気がするんです。

尾木　確かにそうだなあ。

茂木　僕は実際、そういう子どもだったと思うんです。今の学生としゃべっていて、ああ、僕と全然違うわ、と思うのは、僕の時だって理科のカリキュラムとかはありましたが、日経サイエンスみたいな科学雑誌だとか、ブルーバックスとかを僕は小学校の時から読んでいて、ブラックホールとか、量子力学とか、相対性理論とか、なんとなく知っていたんですよ。だから、正直、学校の教育って、関係ないところがありました。子どもの方に知的好奇心、学びたいという欲求があったら、正直学校がダメダメでも、勝手に勉強する気がします。今の学生って、さっきの尾木先生の話でいったら、口をぱっくりあけて、親が餌をとってきてくれるのを待っているみたいな状態じゃないですか。だから、逆にいうと、**なんで今の日本の子どもたちは、自分から学びたいという、胸を焦がすような欲求を持っていないのか、ということが一番根本的な問題なような気がします。**

尾木　**その欲求をどこで奪われたんでしょうね。一体どこで、欲求に蓋をされたんでしょう。子どもが悪いんではなくて、環境や教育の何かが悪い、ズレているに決まっているんです。**

入試・偏差値で〝学びのアレルギー〟

茂木　僕は、中学入試をやっていないんです。高校入試、大学入試しかやっていないんですが、**やっぱり、入試で勉強するって、知的好奇心を妨げる気がしますね。**高校の時、トールキンの指輪物語が好きで夢中になって読んでいたんですが、大学入試が近づいてくるとさすがに指輪物語を読んでいたらまずいなーと思って、入試の英語の勉強するんですが、面白くないですね、正直。出てくる英文とかも。正直、自分がやりたいこと、例えば、僕はニーチェとかも好きで読んでいたんですが、その好きなニーチェを読んでいたって、入試には役立たないってところがありますよね。**僕は、比較的入試対策ってやらなかった方ですが、それでも、興味があることと、入試対策とがケンカするということがありましたから、今の子どもたちって、中学入試とかがあって、ひょっとしたら、自分の好奇心に従って学ぶという経験がないんじゃないかなあ。**

尾木　だって、今、小学校3、4年から私立中高の入試勉強するんですよ。4年じゃ遅いといわれているくらいですから。

茂木　正直、馬鹿げていますよね。**犯罪だと思いますね。**

尾木　**ええ、僕も〝教育犯罪〟だと思います。子どもの無限の可能性を大人の手で完全に摘んでいくわけですから。**

茂木　最近、「予備校のあの偏差値表、ここの偏差値だとこの大学だとか、この中学だとか書いてある、あんな表を学校に貼るな！　子どもの心の傷害罪で訴えてやる！」とか言って、僕がツイッターで怒ると、みんな喜んでいる。喜ぶ、ということは、内心みんな思っているということでしょう？　それだけ、抑圧されている、というか、どこかですごく傷ついている。「おまえ、偏差値こうだ！」なんて言われて。ひどいですよね！

尾木　ひどいです！　大学名と、学部名聞いて、ああ、偏差値あのくらいだから、俺より低い、高い、なんて瞬時に判断を下すようになっているんですから。

茂木　馬鹿みたいです。**子どもたちは、まずいご飯をたくさん食べさせられて、もう食べたくないっていう状況なんじゃないかと思います。お腹が空いたら食べますよね？　子どもたちの脳が、どうでもいい情報を、たくさん入れられて、もういっぱいいっぱいになっちゃっている。アレルギーを起こしているのかな！　学びのアレルギー。**

尾木　ああっ。〝学びのアレルギー〟ね。それは、すごく的確な表現だなあ。

「先生」って、とにかくその人の話が聞きたいと思う人のこと

茂木　西健一郎さんという、ＮＨＫの『きょうの料理』なんかに出ていらした方で、「京味」という日本料理屋をやっている方がいます。その方に聞いた話で、忘れられない話があるんです。西健一郎さんのお父さんも、非常に素晴らしい料理人で、西さんが若いとき、お父さんと一緒に、調理場に立っていたそうなんです。一生懸命お父さんの技を盗もうとしていた。ところが、肝心なところに来ると、なんかお父さんが西さんに用事を言いつけるんですって。例えば、玉葱とっ

て来い、とか、醤油とって来い、とか。

尾木　へえ、肝心なところにくるとですか。

茂木　それで、戻ってくると、もう終わっている。

尾木　ははは。

茂木　それで、西さん、どうしたかというと、もう何を言われても大丈夫なように、調理場の横にありとあらゆるものを用意して置いた（笑）。

尾木　あはははは。

茂木　それって、今の教育哲学と逆じゃないですか。**今の教育哲学って、過剰なまでに、どんどん与えてしまう。それこそ、親にまず教えて、子どもに与えるみたいな。**でも、西さんは、逆に、それで親父さんのすごい技を知りたいっていうハングリー精神を養って、どうしても見たいっていうんで色々工夫する。今の親がそういうのを聞いたら、卒倒しますよね。教授が、肝心なところに来たら、トイレ行けって言って、戻ってきたら終わっている、なんて（笑）。

尾木　いいわね（笑）。そこがまた試験に出る、とかね。ふふふ。

茂木　絶対怒るよね（笑）。なんか、僕はすごくこの話が印象に残っているんです。

僕、尾木先生みたいな人はなかなか出ないと思うんです。最初にお目にかかった時にも申し上げましたが、尾木先生はもともとすごく硬質な教育論を展開されていて、その時のイメージがすごくあるので、尾木ママとして、バージョン2みたいな感じで出ていらした時、すごくびっくりしたんです（笑）。

尾木　はははは。

茂木　それはびっくりしますよね。いつも論評を読んでいて、体制側べったりでもないし、かと言って反対のために反対するみたいな方でもないし、子どもたちのことよく考えていて、この方は信用できるって思っていたら、突然、尾木ママっていって、大人気者になって出てきた。今の尾木ママのファンの方には、硬質な教育評論家としての尾木直樹っていうのを知らない方がいらっしゃるかもしれない。**でもね、尾木先生の秘密って、もしかしたら、尾木先生のお弟子さんにもわからないものかもしれない。**ここにいらっしゃる、秘書のお二人は、今お弟子さんとして最も近くにいらっしゃる。尾木先生は、一方では硬いところを押さえていて、一方ではポップな人気もある。そんな方と一緒に仕事できるってすごいことですよね。でも何年たってもおそらく、わからないと思うんですよ、尾木直樹、尾木ママの秘密って。そういうものだと思うんです。本当の学問って。**10年、20年一緒にいても、なんでこの人こういうことできるんだろう？って、わからない、というのが、本当の教育というか、学びだと思います。**どうやったら尾木直樹、尾木ママみたいになれるんだろうって、知りたいですよね。でも、わからないですよね。

僕が信頼している内田樹さん（思想家・武道家）っていう方がいらっしゃるんですが、その方が、

「先生っていうのは、何を教えてくれるかわからないけれども、とにかくその人の話を聞きたい、その人と一緒にいたい、と思う人のことだ」って言っているんです。名言でしょう？ 今の教育観っていうのは、先生が情報を持っていて、その情報を子どもにダウンロード、みたいな感じになってしまっているけれど、本当は教育って、その先生が何を教えてくれるかわからないけれども、その先生の話を聞いていると、何か感じる、ってことなんですよね。

僕にとってはやっぱり、養老孟司さんです。あの人、すごいすね者なんですよ。英語の論文書くのが途中でイヤになっちゃって、一切やらなくなっちゃった。オーストラリアに行っていたんだけれども、とにかくイヤになっちゃったんですね、「科学者は、グローバルな世界で英語の論文を書いて、引用されてなんぼ」みたいな価値観が。だけど、あんな賢い人ってなかなかいない。僕がよく行く湯島のバーがあるんですが、そこのマスターに聞いたら、「養老先生、東大医学部時代によくいらしていましたよ。ある時ふといなくなったから、どうしたんだろうと思って探しに行ったら、店の前の道路に大の字になって寝転がっていて。どうしました！ 養老先生！って言ったら、いやあ、マスター、ここに来て横になってごらん。星が綺麗だよ。っておっしゃった」って（笑）。なんかこの人持っている、って感じが今でもあります。でも、それが何なのかって言われても、わかんないんですよ。教育って、本当に、そういうものじゃないかなあ……。

尾木 そうですねえ……。

茂木　学問って、そんなに簡単に真髄なんて教えられないと思う。

尾木　本当に、十年前の学生は、ものすごくぴたっとくっついて来ましたね。ゼミなんかでも。

茂木　ああ、なんか盗もうと思って。

尾木　いつも食らいついてくる学生が3、４人はいましたね。今は誰もいない？　ＬＩＮＥ[10]で、自分たちだけで24時間つながり合っていて、僕だけ置き去り？（笑）。

茂木　尾木先生もＬＩＮＥやりましょう！（笑）

尾木　ＬＩＮＥ、やっぱり入らないとダメかしらね（笑）。

茂木　だけど、本当に、学びってそういうものなんだって感覚がないのかも。今の学生には。シラバスだってそうだもの。シラバスって、「今年はこの情報を君たちに与えます」ってものでしょう？

尾木　15回に渡ってずーっと初回の導入から計画を提出させられるんですよね。そして評価の方法も具体的に、日常点が何点で、テストが何点、リポートは何点って、全部記入しないとシラバスが通らない、認められないの。本当は初めからきちんと決められるものじゃないですよね。講義を学生とインタラクティブな関係で進めている中で、少し横道それたり、また戻ったり、急に発表させたりころころ変わってもいいのです。むしろシラバス通りでは、ダメ。発展性がなくっちゃ。先生にだって途中で発見があって良いはずです。でも、「シラバス通りだったか」って、最後に学生に評価されるんですよ。僕は、シラバス通りに教えたことなんか一度もないですけれど。廃止して欲しいと思うくらいですよ。

茂木　シラバス通りじゃなかったことを、むしろ、評価するぐらいじゃないとね。こういうことが創造性と結びついてくると思うんですよね。創造性って、結局、そういうことでしか教えられない、という気がします。少し前に、フランシス・ベーコンという画家の展覧会が近代美術館でやっていたんですが、フランシス・ベーコンっていうのはアート・スクールに一切行っていなくて、絵をどうやって学んだのかというと、一人の先生についたらしいんです。フランシス・ベーコンはゲイだったので、ひょっとしたら、恋人かもしれないんですが、いずれにせよ、その画家にくっついて何かを学んだんですね。それがなんなのかというのは、おそらく、本人にもわからないことなんじゃないかなあ。

一人ひとりを伸ばす方法を打ち出すのが教師の真骨頂

茂木　自分が辿ってきた道を冷静に考えると、小学校5、6年の時の、小林忠盛先生という先生の影響が大きい気がします。僕は勉強は何の問題もなくできる子どもで、飛び級するかって聞かれたぐらいでしたが、その先生の僕に対する指導がすごくて、僕が一番苦手なことをやらせたんですよ。それはね、スポーツ。

尾木　本当にスポーツ苦手なんですか（笑）。

茂木　ええ。得意じゃないんです。水泳大会があったんですけど、記録を取ったら、僕は選抜に入るような記録ではなかったんです。それなのに、わざわざ、市内の水泳大会に出る選抜チームに入れっていわれて。5、6年の夏休み1ヶ月ずっと、自由形で泳がされた。当然、選抜選手にはなれないんですよ。でも小林先生は、茂木は一番苦手なことをやらせた方が、人間として伸びる、と。これ、すごい指導でしょう？　おまえ、勉強できるから、もっと勉強して私立中学行け、とかじゃなくて、おまえ、水泳やれって。すごい教育者でしたね。だから、未だにわからない。あの人はなんで、ああいう指導ができたんだろうって。

尾木　この子はなんでもできちゃうっていう体験だけでは、人間性が豊かにならない。だから、やってもやっても俺よりすごいやつがいるんだ、頑張ってもダメなことがあるんだ、って、気付きを与え体験させようとしたんじゃないかしら。そんな気がしますよ。

茂木　それって、どこで学ぶんですか？　教育学部で教えることじゃないですよね？

尾木　はい、教えないです。やっぱり、本人と付き合っていて、あ、この子にはこれが必要だと、こうやった方がいいなと、気付くものじゃないですか。それでその子が潰れてしまう危険があれば、もちろんやめますし。

茂木　確かに、僕、一生懸命、クロール練習したのに、どうしてもダメだった。これは僕にとっては良い経験になりました。僕は、先生って、そういう存在でいて欲しい。

尾木　それが、現在のように一斉の授業ではできないんですよね。全員一斉に同一の目標を掲げて、やらせちゃったら、まず間違いなく個としての子どもの能力は潰されちゃう。やっぱり、〝個に応じた〟〝個別教育〟なんですよね。

茂木　そうか、そうか。どんな子にも、苦手なことをやらせれば良いというわけではないんだ。

尾木　ええ。苦手なことはあえて避けて、逆に得意なことだけを一生懸命やらせた方がいい子もいます。

茂木　深いですね。だから、僕、もし、学校の教員をやるんだったら、小林先生に弟子入りしたいですもの。なんであの時、ああいうことをやらせられたんだろうって。いろんな先生に学びましたが、あの先生のあの指導だけはちょっと忘れられないです。やっぱり、あれは、あの先生の資質みたいなものなんでしょうか。

尾木　本能的ともいえる直観力、資質と、深い児童・生徒理解力ですね。一人ひとりの子どものことがわかっているから、こういう手が良いって、自信を持って打ち出せるんでしょうね。

いつの時代も、教育って〝管理〟や〝標準化〟との闘い

茂木　尾木先生は、海城の時なんかに、印象に残るようなことはありましたか？　きっと、素晴らしい先生だったと思うんですが。

尾木　印象に残るのはね、海城の高校の教員から、公立の中学校の教員に変わった時に、海城で優れた子どもたちに出会っていたことが役立ちましたね。一人やたら優れた子がいたんです。名前も覚えています。この子はすごいわ、能力を伸ばさなきゃと思って、1週間に1冊、岩波新書読みなさいって言ったんです。

茂木　すっごいな、それは。

尾木　それで、何を読んだって、全部報告させたんです。彼が中学校1年生の時に担任を持ったんですが、1年生の段階で、中学3年生までの英語の教科書全部終わらせなさい、って言って、実際彼は終わりました。そういうことをやったら、結局、東大に現役で入っていきましたけれども、やっぱり、先の先の、高いレベルの学びや世界に挑戦していく、視野を広げていく、というリードを、この子にはしてやらないと、変な天狗、この中学校で一番だという井の中の蛙で終わっちゃうと思いました。そうではなくて、彼にはもっともっと高い峰に立って欲しかった。岩波新書を読めば色々見えて来ますから。これは、高校生レベルに合わせているんだよ、って言って頑

張って読ませたことがありましたね。

茂木　彼にとっては、恩人ですよね。おそらく、彼の人生の中ですごく大事なことだったと思いますね。

尾木　でも、ある番組で同窓会をやった時、彼が来てくれるかなと期待して待っていたけど、来なかったから。なんかひっかかっているのかな、番組出たくなかったのかなって気になっています。

茂木　そうですかあ……。

尾木　クラス全体の指導では、中学3年生を初めて持ったときに、偏差値でこんな風に「分別」されていくのはおかしいし。「5、4、3、2、1」なんて相対的におおざっぱに付ける評価制度はおかしい。だけど、高校入試という現実が迫っていて逃げるわけにもいかないから、じゃあみんなで支え合ってこれを突破しようって、夏休みに高尾山で勉強合宿したことがありました。お母さんたちが6、7人応援隊で来てくれました。その時は、就職するってはじめから決めていた子も参加してくれました。みんなでそれぞれの進路を切り拓くことに協力しようって。そして、3月には「お別れ合宿」というので、また行きましたね。

茂木　へえー。いいねえ。金八先生みたいだ（笑）。

尾木　いやー、実は当時から「リアル金八」といわれていたんですよ（笑）。学校に合宿の届けも出していなかったから、教頭さんからすごく怒られましてね。事故を起こしたらどうするんだ！って。ああ、そういえばそうだなあ、とかのんきに思ったりして（笑）。そう言えば海城高校教師の時も、最初に学級受け持ったとき、僕は、スキーが得意だったから、白銀の世界でスキー滑るのはすごい爽快だぞって、クラスの生徒をスキー合宿に連れて行ったの。16人くらい参加してくれたかなあ。民宿を借り切って。みんな一生懸命になって、ところが夜中にこっそり煙草吸うわ、カップ酒は飲むわ、酔っぱらったまんまでナイターなんて行っちゃうわ。初めてスキー付けた子までもが。さすがにもう死ぬかと思った〜。さすがに、もう連れてかない！って怒っちゃったわ（笑）。アルコールなどの行為は厳しく指導しましたよ。でも、自分が感動したものを、生徒に少しでも伝えたくなるんですよね。僕はじっとしていられない性格なんです。

茂木　良い先生ですね。

尾木　だから、非行に走った女の子が出た時も、この子は、本物の綺麗な自然を見ていないからグレるんじゃないか、と思って、冬に群馬の谷川岳に女子二人を連れて行った。スキーも貸してあげて。とにかく見てみろ、こんなに綺麗な大自然の世界があるんだぞって。それもまた、学校からは怒られましたが、なんか思い立ったら体が動いてしまうんです。こんな企画は今じゃとても無理ですけどね。当時ももちろんダメだったんですけど、僕が知らなかっただけだったんですね（笑）。

だから、**僕の教育実践のスタイルというのは、**去年がこうだったから、じゃなくて、**今この子にとって何が大事か、この学年にとってどうするのがいいか、**と考えて、**正面からぶつかっていく。**ある時には、平和について考えようって広島に修学旅行に行ったりしましてね。東京から広島に修学旅行に行ったのは、当時では珍しかったと思います。岩手に行って、田植えやソーラン節を踊る修学旅行をした年もあります。

茂木　尾木先生みたいな先生が、もっとたくさんいたら、日本の子どもは救われるのにね。奇抜といえばすべてが奇抜かしら。

尾木　面白いとは思いますよ〜。

茂木　面白いし、助かるんじゃないかなあ。

尾木　**教育というのは、本来そんな単純な営みだと思うんです。その時々に、とっさに思い浮かぶんですよ。「ひらめき」だと思う。**子どもの世界に入り込んで、一緒にはしゃいでいると、あ！これは修学旅行、奈良と京都だけじゃなくって、広島へ行った方がいいな、うちの学年に向いているな、と〝ひらめく〟んです。遠泳をやったこともありました。40分とか1時間千葉の海を泳ぐの。学年の全員を連れて行くんです。あの危険な海へ。小遠泳、中遠泳、大遠泳と、有志や希望参加ではなくて、全員が参加するの。全員バディを組んで、はげまし合ってやり遂げた後の、生徒の急成長ぶり、これにはすさまじいものがあります。本当にすごいです。そういう子どもが成長をする姿を見たら、いろんな先生がいますが、全員味方になっちゃう。僕があんまりにも奇抜なことをやるものだから、尾木直樹をつぶせって、特命を帯びた（？）先生が派遣されてくるなんてこともあって、でもそんな人たちも結局味方になっちゃうの。

茂木　ばらしている時点で味方なんですよね（笑）。その時には、尾木先生に惚れているんだ（笑）。

尾木　尾木を潰せって特命を帯びてきましたって言う、若い先生たちもいたんだけど、一緒にやっているうちに、「先生の方が正しいです、僕たち今日から寝返ります」って言ってくれた時は嬉しかった〜。

茂木　黒澤明が、『生きる』の中で、市役所の課長が、がんだってわかって、それから必死になって公園を作るところを描いているじゃないですか。あれって、教育でもまったく同じだなあ、って思うんです。つつがなく、不祥事がないようにって、子どもたちを偏差値管理している、それって、毎日何も考えずに判子を押しているようなものですよね。本当に子どもたちを成長させて、輝く目を見たいって思ったら、あの『生きる』の課長みたいに、本気になって、前例とか無視して、公園作る！ってやらないといけない。そういう時ってやっぱり、子どもにも伝わる。ところが、あの映画でもそうだけれども、最後、あの課長さんが死んじゃうと、やっぱりみんな戻っちゃうんだよね。その特別な時間が終わると、以前の管理主義、判子を押す状態に戻っちゃう。**今の教育って、ハンコを押しているようなものでしょう？　それがやっぱりくやしいね。**

それから、もう一つ『いまを生きる』って訳されている『Dead Poets Society』っていうアメリカの映画では、すごい厳しい学校なのに、いきなり来た教師が教科書の何ページから何ページをあけてみろ、っていって、そしたら、そこを破って捨てろって言うじゃないですか（笑）。そこから始まって、口笛を吹きながら教室の外へ出て行く。すごく型破りな教師ですけれども、子どもたちがものすごく感動して、変化していくんですよね。最初は馬鹿にしているんだけど。その先生も結局、管理教育の中で追い出されてしまうんです。でも、追い出される最後の授業の時に、みんながオーキャプテン、オーキャプテンって詩を朗読するすごく感動的なシーンがある。だから**教育って、常に、管理とか標準化との闘いなのかもしれませんね。**映画での描かれ方を見ていると、どうも、どこでもそうみたい。日本だけじゃなくて。だから、尾木先生は、闘っていたんだね！　ふふふふふ。

尾木　いつも潰されそうになるんですよね。なんでだろうと思って。

茂木　**その緊張感の中で、伝わるものが、子どもたちには大切だったんじゃないのかな。だから、僕ね、創造性を育む教育とかいうけれど、闘わないとできないんじゃないかという気がします。国が、ものわかりよくなって、突然素晴らしい教育システムにしてくれるってことは、ないんじゃない？**

尾木　そうですねえ！　まずないですよねえ！

茂木　**だから、常に闘うしかないんじゃないのかな。**

相対評価は学校の「がん」

尾木　はじめの方で、茂木さんが、なんで日本の教師は変わらないんだ、こんなに従順なんだ、と疑問を投げかけられましたよね。**やっぱり、教師の方が闘っている、改革しようとしている、潰されそうになってもおかしいと言っている、という姿勢が大事なんですよね。「明日通信簿を渡すけれども、これはどう考えてもおかしい、だから先生は君たちに特別に手書きのカードを差し挟んでおくよ、こっちのほうが君たちの本当の姿だよ」って言ってあげるとか……。**

茂木　それって、違法じゃないですもんね。

尾木　ええ、**違法じゃないです。個人の工夫でできることです。**全員こんなに、ここが得意になっているのに、なんで、「1」をつけなくちゃいけないのか。相対評価だから、絶対に「1」をつけなくちゃならない人がでてきて、「1」が7％って決まっているけど、そんなのおかしい。「1」がついている子も、僕から見たら、こうなんだ、こんなに成果を上げて素晴らしいんだって、全部カードに書いておくからね、それを読んでくれ！って叫ぶような気持ちで渡さないとダメ。僕はそれを頑固にやったんです。

茂木　それをやっていたんですか！

尾木　やっていましたよ。

茂木　素晴らしい。

尾木　「5、4、3、2、1」なんて通信簿にハンコつく作業なんてあっという間に終わるんです。相対評価は、パーセンテージが決まっているんですから。5が7%で、4が24%で、3が38%で、2が24%で、1が7%って。**たとえ、どんなに学力が低い子たちしか育てられなくても、トップの7%には5がつくんです。こんなの学力評価でもなんでもないんですよ、大ざっぱに相対的な順位をつけただけなんです。**

茂木　相対評価っていうのは、やっぱり、「がん」ですよね。どんなに努力しても、クラス全体が努力して上がったら、その中で低い子は1だって、おかしいですよね。

尾木　おかしいでしょう？　僕は国語を教えていて、それをものすごく感じていました。そして僕の友人にとても優れた音楽教師がいたんですが、その方も、教え方がすごく上手でみんながものすごく音楽を好きになって、上手にもなったのに、必ず誰かに1をつけなくてはならない、そんな理不尽なことできない、と言って、それで、音楽教師を辞めてしまいました。

茂木　辞めた‼

尾木　ええ、辞めました。自分にはできない、苦しいと言って。今スクールカウンセラーをやっていますが。それは、全員に力をつける自信のある教師、どの子にも愛情深く接している教師には苦しくてできないですよ。

茂木 **評価って、数字でやる必要がない気がしますね。言葉でやるとかね。**

尾木 そう。何も抽象的な記号化する必要なんてないんです。競争させたい、わかりやすく序列をつけたいから数値化するんですよ。一人ひとりに文章で表現するのが一番的確でいい。

茂木 僕、大学院で教えていた時、学生に奨学金の申請の書類とかを書かされることがあったんですが、その書類には、この学生は全体のトップ10%、トップ30%、……何%のところですかって項目があるんですよ。僕、全部トップ10%って書いた。そんなことありえないんだけど（笑）。だって、10人に1人しかトップ10%じゃないのに、みんなトップ10%なんだから（笑）。今明かされる事実です（笑）。だけど、そういうことを書かせる方がナンセンスでしょう？ **そんなことよりも、この人にはこういう特徴がある、って書かれた方がみんな嬉しいと思うんです。**

尾木 こういう評価法って、世界共通なんですか？

茂木 どうだろう、でもアメリカとかでもAプラスとかありますね。でも、相対評価じゃないと思うな。

尾木 なるほど。

茂木 その子の到達度というか。なんで日本は、ああいう標準化をするのかな。

尾木 大学だって、Aプラスを多くつけすぎると怒られるんですよ。目標に到達して素晴らしい成果をあげたら、Aプラスが何人いてもおかしくないじゃないですか。でもAの数も10%だったかな、それ位におさまるようにしなくちゃいけないんです。

茂木 守らないとどうなるんですか?

尾木 守らないと、間接的にプレッシャーをかけられますね。何学部は何人つけていた、とかいう全学部比較できる一覧データを見せられるから。学部長なんかは、やはり気になるでしょうね。僕は、全然プレッシャー感じませんけど。

茂木 僕、今、早稲田で英語のBrain and Cognitionという授業を持っているんですが、やっぱりAが何%とか来ますね。でも、無視する。今のところ、文句を言ってこないけれど、僕、尾木先生みたいにホームじゃなくって、非常勤講師っていう立場でしかないから、事務の方が見逃してやるか、って思っているのかもしれませんね。でも、あれイヤですよね。

尾木 本当におかしいですよ。

茂木 普段授業をやっていて、すごく良い学生なのに、なんで%でCとかつけなくちゃいけないんだ。

尾木 早稲田は、なにかの伝染病が流行ったときかしら、9日間の休講体制をとったことがありましたね。つきましては、「課題」を出してくれ、と言われた。その上、その宿題の採点結果はどうだったか、報告しろとも言われた。何考えてんだろうと思って放って置いたら、事務から電話がかかってきて、先生のがまだ出ていません、と催促された。僕は仕方がないから、「課題：修士論文の研究、非常に優秀であった」と書いて終わらせましたが。なぜ、研究目的できているはずの大学院にまで、休講中の課題提出と事後報告まで指導教官に求めてくるのか――失礼千万。子ども扱いしている。大学の自治、学問の自由なんて、過去の遺物と化していますよ。

「みなさん！」では振り向かない今時の大学生

茂木　なんかこの国は、教育とか、学びの原点を忘れている気がしてきました。戦後、『青い山脈』という映画があって、僕は原節子さんが大好きなので、すごく熱心に見た記憶があります。あの時の、戦後民主主義の輝きみたいなのが、今はなくなってしまっていますよね。いつからか、戦後民主主義は一つのダーティーワードみたいに扱われるようになって。でも、みんなが自由で、平等でっていうのが、輝いていたことがあった。それは一つの原点です。それを忘れてしまっているし、それから、学びの原点ということでいえば、さっき申し上げたように、岩波が戦後、『西田幾多郎全集』を出そうとした時には、みんな目を輝かせていた。他にもありますよね。僕が子ども時代は科学ブームで、ちょうどアポロが月に行くというんで、みんなが科学を勉強しよう、勉強しよう、って盛り上がっていた。

尾木　ああ、確かにそういう時期がありましたよねえ。

茂木　ああいう時期の、純粋な気持ちというのが、どうも今の時代、弱いですね。**課題を出して評価するとか、シラバスだとか、偏差値だとか、通知表Aが何割だとか、全部、枝葉末節の、技術論でしかなくて、何のためにそれをやっているの？という哲学がありません。管理、標準化でしかなくて、目的は何なの？って感じです。学びには、感激がないと！**……教師って、聖職っていわれていましたよね？

尾木　そうよ〜。

茂木　聖職ですよね。本来は。

尾木　茂木先生に、泳ぎをやらせた先生みたいにね。

茂木　だって、子どもたちの未来をつくるわけですから。今、そういう神聖な気持ちがない気がします。

尾木　確かにね〜。

それからね、今学生と向き合っていて、例えば、論文の書き方なんかでも、メール調で書いてしまう子がいるの。段落がなく、だーっと箱のマスの中に書くっていうか。それで、チェックして返して、全員の前で、今回、段落をつけない人が多かったよ、今度から段落を設けてね〜、って言うでしょ？　それで、次にまた出してもらうと、全然直っていないの。

茂木　学習していない、ということですか？

尾木　そう、伝わっていかないの。今から3年くらい前からそんな感じになりました。それでね、「この間から言っているんだけれど、直っていないよ」って言いながら、一人ひとりに、同じ内容なんですが、返す際に声をかけるようにしたんです。そうしたら、次の時、全員直ってきたの。

茂木　それって、何を意味しているんですか？

尾木　あ、と思ってね。それからは、全体に向かって言うのと同時に、君、ここが直っていないからね、ここに書いて置いたからね、って一人ひとり名前呼んで説明しながら返すことにしたの。つまりね、「みなさん、」っていう一般的抽象的な表現では、受け止めないの。自分に当てはまっているとは思ってくれないのね。あなたはこうだよ、あなたはこうだよって、一人ひとりに言っていかないといけないの。小学校だと、今から10年くらい前に、みなさん、これから手を洗いに行きますよ～、って言っても誰も来ない、田中君、山田さん、鈴木さん、山本さん、はい、みなさん、手を洗いに行きましょう～、って言うとみんなついてくるって、聞きました。それって、なんなんだろう～、と思っていたんだけど、今大学生が全く同じ傾向を帯びていますね。

茂木　ロンパールーム[11]みたいな感じだなあ。

尾木　一人ひとりに目を見て言わないといけないの。こういう現象ってなんで起こるんですか？

茂木　うーん……。

尾木　脳科学じゃ解明できないんですかねえ。

茂木　一種のアパシーでしょうねえ……。よっぽど今の学生って、途中でひどい目にあっているんじゃないかなあ。中学校3年間くらいでなんか起こるんだよなあ……。だって、小学生と話していると、みんな目を輝かしているし。なんか、中学校辺りで変なことが起こるんですよね。きっと偏差値振り分けとかあそこら辺で変なことが起こって、大学に入ってくる頃にはもう、みんなやる気をなくしている。

尾木　本当にわからないわね～……。

偏差値は実際の人物評価とは全く別物

茂木　日本の大学入試から、偏差値はなくすべきだと思う。偏差値では予想できない入試をやればいい、って僕は思うんです。だけど、それをやっても、きっとまた、予備校の人たちが、結局この大学に入った奴らはこういう奴らだったたって、偏差値計算するんだよな……。**偏差値っても のほど、日本の教育を害しているものってないと思いますよ、本当に。一番のA級戦犯だと思う。**子どもたちが無気力、反応がない、ってことと、すごく関わっていると思います。例えば、尾木先生は、教育ということについて、大先輩だし、色々な知識を持っていらっしゃる。僕はそういう思いで接していますけれど、じゃあ、教育問題について、尾木先生の偏差値いくつだろうなんて思わないじゃないですか。実世界では。例えば、教育評論家で、誰かテレビに出る他の人がいたとしても、尾木先生は尾木先生だし、その人はその人だし、尾木ママのタレント偏差値いくつなんて思わないです。それが現実の社会というものです。もちろん尾木ママのタレント価値ってすごいけど。

数学なんかでも、最近すごく面白い人がいます。望月新一という、京大の先生がABC予想というすごく難しい予想を解いたんですね。それがね、彼、その論文出す時、普通だったらKyoto Universityと所属を書くところですが、何にも書かないで、自分の名前をShinichi Mochizukiとだけ書いて、インターネットにアップして終わりです。突然、解けました、って。数学の雑誌に投稿もしていないんですよ！

尾木　あら〜！

茂木　できちゃった、って。天才です、本当に。それで最近ね、仮想通貨でbitcoinというのがあるんです。金と同じで、1万2千bitcoinとかって、一定の値しか世界中になくて、それが円とかドルとかと交換レートがあって、それで買い物できるような仮想通貨があるんですね。それは、すごく賢い方法で、偽造を防いでいるんです。bitcoinを使うためには、分散ネットワークの中で、色々な計算をしなくちゃいけないんだけど、それが本物じゃないと、全部を書き換えるのに、今世界にあるコンピュータを全部使っても計算が終わらないような計算をしないといけないようになっているらしいんです。そのbitcoinというシステムを提案する論文は、日本人の名前で、突然ネット上に出たんです。偽名なんですけど。それがどうも望月新一らしいって噂になっているんです。もう、謎の男で、僕、面白くって。望月新一は、明らかに数学の天才なんだけど、偏差値いくつなのかって全く意味がないでしょう? もうそういう問題じゃないっていうか。**望月新一さんと、村上春樹さんとを比べて、どっちが偏差値高いかっていったって、意味ないですよ。現実の世界って、どっちかっていうと、そっちに近いんです。AさんはAさん、BさんはBさんです。なんなんですかね、思春期の一番大事な時期を、偏差値というわけのわからないもので、縛るっていうのは……!**

尾木　しかも、数学だとか、理科だとか、まったく異質の教科を、トータルして平均点を出す。まったく意味がないです。

茂木　それって、僕の身長と体重を合わせた偏差値を出すようなものです。僕は体重の偏差値はかなり高い(笑)。70くらいだと思うし、身長の偏差値は50くらいかな。それを平均して、おまえの身長体重の偏差値は60、体重が稼いでいるんだ、とかいわれても、変でしょう? でも、それと同じようなことをやっているってことですよね。

尾木　でも、そこへの疑問だとか、批判だとかが、現場では非常に弱いんです。なんでなのかしらね〜！

茂木　みんなそれを前提として、受け入れてやっていますものね。

偏差値はシステム的ないじめだ

尾木　ちょっと話はずれるかもしれないんですが、さっき言ったように、6月21日にいじめ防止対策推進法が成立しました。いじめというのが大きな話題になったのは1980年初頭くらいからなんですね。その頃中学生、高校生だった人が今、大人になって、その子どもがちょうど中学生ぐらいになっているんですが、その親と接していると、明らかにいじめの大きなトラウマを抱えているんです。それがどういう現象で表れているかというと、学校の先生に対する不信感であったり、学校が信頼できなかったり、ということで、それは一面真実でもあるんですが、異常に感情的なんですね。それから、一番感じるのは、対人不信感。あるいは、対人恐怖感。コミュニケーション能力とか、それの前提となる人間への信頼感がものすごく弱いの。これは、教育界の現状を打ち破っていこうというパワーにもなっていないし、それぞれ自分が働いている現場でも、彼らは力を発揮し得ていないの。僕にはそういう感じがして、今回のいじめ防止対策推進法というのは、あの時自分らが苦しんだのはやっぱりおかしかったんだ、と彼らが認めるステップにもなると思った。全部が正しい法案ではないんだけれども、そういうきっかけになればって、期待しています。でも、**いじめのトラウマっていうのは、こんなに長引くものなんですか?**

茂木 それは長引きますし、一度受けた傷って、抑圧しようとすればするほど、復讐してくるところがありますね。それを乗り越える方法というのは、むしろ、振り返ることしかない、といわれているんです。**いじめを受けた時、私はどういう気持ちでいたのか、とか、どういう意味があったのか、とかいうことを、振り返って、無意識にあるものを、意識に引き出してあげると、乗り越えられるといわれています。僕、そういう意味では、偏差値っていじめだと思います。システム的いじめ、というか。自分たちがいかに、偏差値というもので傷ついているかということを、気が付いていないから、それを意識化する必要がある。**

尾木 そうか、気が付いていないからね。

茂木 ええ。本当にひどいシステムだと思います。偏差値が良かった子、悪かった子、どっちにとっても傷になっていると、僕は自分の経験から思います。害悪でしかない。創造性という意味でいうと、フランシス・クリックっていうDNAの二重螺旋構造を解いてノーベル賞をもらった人なんて、35歳くらいの時に博士号を持っていなかったんですよ。それに実験をすると、水道の蛇口を閉め忘れて、全部水浸しにしてしまうし、はっきり言って落第者です。頭が良いということはみんな認めるけれども、べらべらべらべらしゃべってばっかりで、何もしないから、あいつはもうダメだと思われていた人が、ＤＮＡの二重螺旋構造を解いちゃった。科学の世界だと、落第する人と、天才って紙一重です。日本の教育ってバントばかりやっているような感じです。場外ホームラン打つ人って、空振りもするわけでしょう？　でも、そういう人は思いっきり振っているわけです。僕は、バントばっかりやらされた、っていうイメージが強いです。中学、高校と。本当は大振りしたかったのに、なんかせこいバントばっかりやらされて、おまえは１００回中95回当たったたから、偏差値いくつだって決められた。ろくなもんじゃなかった‼　大振りさせて欲しかったよ、って思う。だから、僕もトラウマだし、他の素晴らしい個性を持っている人も、偏差値が低いって勝手に決めつけられたし、誰も得しない。やめちゃえばいいんだ。

尾木　これで得している人っていうのはいるんですかね。

茂木　予備校の人とか？

尾木　やっぱり、予備校というのは、国語の授業なんかでも、〝受験国語〟で、東大に受かるための、それを解くための授業なんです。日本語の面白さ、芥川作品の面白さ、そういう深みには入っていかないんです。そんなことするのは無駄になっちゃうんです。予備校の先生は、いかに正答を出すのか、という事に関したプロでしかありません。ＣＭなんかいっぱい流れていますが、教育本来の姿から言えばテレビであんまり予備校をアピールして欲しくないんですけどね。

茂木　傷つくよな〜。予備校って、正直、日本の教育のシステムが生んだ、あだ花ですよね。そんなに表舞台に出て堂々とするものじゃない、というか。理想的な教育って、予備校はいらない、ってことじゃないですか。アメリカにそんなのないし!

尾木　ヨーロッパにもありません。

茂木　どっちかというと、日本の教育の恥ですよね、ゼロにしろとは言わないけれども、そんなに堂々と予備校って自分の存在を主張するものではないと思うなあ。

同じ塾でもね、ハッカー塾とかはいいなあ。コンピュータのプログラミングをやらせて、Webページ作ろう!とか。自然観察塾とかもいいなあ。生物多様性ってすごく難しいんですよね。僕は、蝶々は得意で、蝶は全部わかるんですけど、カメムシはわからないです。トンボは大体わかるけれども、羽虫はわからないなあ。あと、植物もわからないなあ。だから、僕、植物の名前がわかる人ってすごく尊敬してしまいます。だから、身近な公園の森に行って、どういう生き物がいると思う?ってやるのはものすごく現代的だし、意味があると思う。どうせ塾を作るなら、もっと有益なことがいっぱいあると思うなあ。日本にいる外国人の人と異文化交流しましょう、とか。大学入試、高校入試、中学入試の塾って、はっきり言って、いらない。塾やめるのいつですか、今でしょ!って感じですね(笑)。費用は、中学入試で年間50万くらい? もっとかな。

尾木　もっとですね。高校入試では、現役の子でも、100万超えますもの。

茂木　一時期まで塾批判ってありましたよね。

尾木　ありました。

茂木　あれ、何でなくなってしまったんですかね？

尾木　あまりにも一般的になってきてしまって、塾批判は今ではほとんどないですよね。そうだ、文科省が方針を変えたんです。「塾との共存」って。かつて文科省は、塾を敵視していたんだけれども、どうしてか1990年代に、大胆に変えました。

茂木　現実の追認ということですよね。

尾木　ええ。教育委員会なんかも、東京都でいえば、予備校の講師を都立高校に呼んできて講義をさせたり、小学校でも、区によっては塾の講師を非常勤講師で雇って授業をさせたりしています。公教育にどんどん乗り入れてきているんです。そうすると、あそこの塾は、小学校の講師をやっているあの先生の塾だよ、というんで、その塾は流行ることにもなる。

茂木　結託しているんだ。

尾木　そこまで学校と塾が一体化してきているの。塾の先生は、教え方自体は、とてもうまいんです。技術は持っていますから。

茂木　でも、それは日本の教育の劣化でしかないと僕は思うんですけれど。

尾木　塾の先生が教えるというのは、問題意識を持つとか、追求心を持たせるとかいうことではないんです。正解をどう出すか、ということで、「できる力」でしかない。本質を「わかる力」じゃないんです。そこまで高めないと本当の学びにつながらないのですが、そこまで腰をすえてやれる塾は少数派ですね。

茂木　生活のためっていうのは確かにあります。僕も、確かに大学院生の時は、予備校の講師をやっていました。でも、生物多様性塾というのがもしあって、森の中で、これはなんていう蝶だ、とか教えてお金をもらえるんだったら、そっちの方がずっと良かった。今、産業としてそれがあって、それで生活している人がいるから、とかいう議論って、おかしいと思うんです。だって、害悪を与える産業もあるわけなので。年間50万だったら50万、100万だったら100万のお金を投資して、そこに社会的なリソースも費やしているけれども、本当はもっと別のことに費やすべきだということがあるんだったら、そっちの方に費やす方がいいじゃないですか。日本全体として、無駄なことにエネルギーを使ってしまっているんじゃないですか。決して、いいものではないと思います。いつから塾が大手を振って歩くようになったんだろう。

尾木　政策的には、文科省が路線を変えたところからですよね。一切批判する組織が無くなってしまったのですから。

茂木　僕は、塾は悪の産業だとか、ツイッターでつぶやいているんですが、そういう意味では、一人な感じがします。誰も追随しない、というか。おそらく河合塾とか、駿台とか、代ゼミの人たちは、僕のことを敵だと思っていると思います。

尾木　ちょっとでも、悪く言うと、というか、事実を指摘すると、すぐに排除に入りますね。すごい力です。

茂木　そうですか！　じゃあ、僕は排除されているのかな。

尾木　もう、されていると思いますよ。

茂木　ははは、排除するってどういうことですか？

尾木　僕なんて、遠慮がちに言っていてもダメなんですから。例えばね、そこの関連の講演会みたいなものに呼ばれるでしょう？　そうすると、あの人はどこかの雑誌に、うちらのことをステップアップ方式とかいって批判していた、そんな人を呼んでいいのか！ってすぐ、講演の関連主催者に圧力がかかるの。

茂木　それじゃあ、僕は予備校からは呼ばれないな、ははは。

尾木　こういう圧力はしょっちゅうです。大学までにもね、尾木はテレビでこんなことを言っていたけれども、大学として恥ずかしくないのか、なんて抗議が来ることさえあるんです。僕と大学は別物なのにね。

茂木　変ですね〜。

目の前の状況を変えるために、まずは動いてみる

尾木　今の日本の現状を、どう突破するかということが、一番気になりますね。

茂木　ええ。**闘うしかないのかな。現場の一人ひとりが。**子どもたちの未来がかかっているわけだから。要するに、予定調和では、難しいと思うんです。闘うって、別に、殴り合うっていうことではない。

尾木　文科省の決定だから、教育委員会や校長が言うから、ということで、先生方がみんな苦しんでいて、僕らなんかに助けてくれ、って言うんですけれども、そこの**先生30人が、全員でおかしいよ、とひとつになって言えば、変わるんです。**なんでそれができないんだろう。そこがものすごく不思議。僕にはわからないです。

茂木　ですよね〜。

尾木　だって、おかしいものは、おかしいんですもの。

茂木　教育ってね、よく議論するじゃないですか。どういうシステムが良い、とか。でも僕が思うのは、例えば、理想のシステムがあるとする。じゃあ、その教育システムっていつできるんですか？　10年後、20年後ですか？　**でも、今の子どもたちが教育を受けているんですよ、ってこ**

となんです。今、目の前にいる子どもを救わなかったら、意味がないんです。その子たち行っちゃうんだもの。どんどんどん次に。行く川の水と同じで。だから、今、闘うしかないの。

尾木　本当にそうなの。だからいじめ防止対策推進法が成立に持っていかれた時も、もちろん理想的な完成度の高い法律ってあるんですが、今、とにかく歯止めをかけなかったら、命がどんどんどんどん失われていくという状況が眼前に迫っていたからです。自殺してしまった19歳以下の子どもが、去年、６００人以上いるんですから。

茂木　６００人⁉

尾木　ええ。いじめだけではありませんけれども、子どもが６００人もです。日本全体では３００００人を切って、減ったというんですけれども、子どもと20代のところだけは逆に増えているんです。

茂木　６００人は、多いです。

尾木　多いです。そして、いじめでの自殺は、ほとんど事故扱いになってしまっていますから。そこにどうストップをかけるか。とにかく網の目が粗くてもいいから、ストップする体制だけでもとらなければならないと思った。

茂木　例えば、尾木先生がある子どもに、岩波新書を毎週読めっておっしゃった、ということで、良いと思うんです。例えば、**今の文科省の管理教育が続いたとしましょう。その中でも工夫はで**

きる。なんか言えば良いんです。通知表を渡しながら、これは本当はちがうんだよ、って言えば良い。今の高校入試が変わらない限り、あなたの偏差値ではここかな、って言わないといけないけれども、**どこの高校に行ったって、一生懸命やれば大丈夫なんだよ、偏差値で、人の価値が変わるわけじゃないんだよ、って言ってあげる。そういうことを言ってあげれば、それで救われることがきっとあるはずです。現実以外のもう一つの次元を持つことが大事だと思います。**

尾木　そういう切り込み方、先生方もきっとわかっているんですよね。なのに、ほとんどしていないんですよね。

茂木　そういうシステムからはみ出したところをもう少し充実させてあげる。やろうと思えばできるはずですからね。

尾木　簡単にできますよ。個人の裁量、工夫の範囲ですから。

茂木　できますよね。それをやればいいんじゃないかな。それじゃないと今の子どもたちが救われない。

スティーヴ・ジョブズでいえば、前にも申し上げましたが、学校時代いたずらしまくりで、はぐれまくりで、そういう人がやっぱり、アップルを創るんで、そういうものなんだということを子どもたちに教えて上げることが必要だと思います。アインシュタインだって、落第者です。そういう話をしてあげるだけでも、ちがうと思います。

尾木　ちがうでしょうね。まったく、元気が出ますもの。

茂木　僕にそういうことを話してくれた先生はいなかったな〜。

尾木　道徳の資料にはそういうケタはずれの人物や事例は出てきませんね。

茂木　道徳でね、スティーヴ・ジョブズは、高校の時に、長距離電話をただでかけられる装置を作り、これは違法でしたが、友人のスティーヴ・ウォズニアックと1台100ドルで売って、お金を儲けました、なんて、いい話として書けないものね（笑）。それで、アメリカの国務長官へンリー・キッシンジャーの真似をして、ローマ法王に電話をかけて、危うくローマ法王は本気にするところでした、なんて（笑）。これは実話なんですけれども、こういうことは道徳の資料には書けませんね。でも、そういう人じゃなかったら、アップルコンピュータを創れなかったことも、事実なので。そういう道徳の教科書を作ったら面白いね！　はぐれものばっかりの話がのっているの。

尾木　ははは。日本の道徳で出てくるのは、大体まっとうな偉人伝でね。

茂木　偉人伝でも肝心なことが書かれていませんね。野口英世が留学の費用をみんなにカンパしてもらって、でも、それをほとんど遊興に使ってしまったこととか。

尾木　そういうのは出てこないんですよ（笑）。

茂木　本当の偉人伝を作るのは面白いなあ。尾木先生だってそうですよ。今、尾木ママとして、人気者ですが、教師時代は跳ね上がり者で、管理職の方はなんとか潰そうとして、特別な要員が送られてきたほどの危険人物でした、って。面白いなあ。ふふふ。

尾木先生は、本当に得難いひとだなあ。問題なのは、尾木先生みたいな人が日本にあんまりいないことですね。なかなか、組織立たない、というか。

僕も、茂木モン、とかいって、まずはゆるキャラ化しようかな（笑）。そうしたら、聞いてもらえるかな？それって意外と深い話で、**人間って、自分を攻撃してくる対象に対しては、つい身構えるというか、警戒するじゃないですか。でも、ママキャラになると、自分を攻撃してきてないような気がするんですよね。だから、防衛反応が起こらない、というか。**

ネット依存が思春期の「一人でぼーっとする時間」を奪う

尾木 今、インターネット、特にスマホがものすごく入ってきて、LINEなどSNSがよく使われるようになって、若者や子どもたちの世界がすごく変わってきたような気がするんです。ちょうど昨日も、ある中学校で緊急会議になったというんです。LINEの中でトラブルが起きて、大騒ぎになってしまったらしい。

茂木 ん？　大騒ぎになった？

尾木　どうも、結果的にはいじめのような形でやられてしまったみたいです。

茂木　なるほど、いじめのような形で。

尾木　僕は、ＬＩＮＥ、極めて利便性が高いだけに、使い方を上手にリードしないと、当然心配も出てくると警戒していたんです。**とくにね、ネットがね、思春期の子どもたちの中に24時間入ってきてしまうことによって、自分が一人になるという時間が失われてしまうんですね。**いつも、顔のわかった友だち同士が、24時間ＬＩＮＥを通してつながり合っているわけですよね。**思春期には、ふっと一人になる時間、ぼーっとする時間がものすごく重要なんです。**考えるわけでもなく、ぼーっとしている時間が。**僕が見ている限りでは、この時間がない子は、自立が遅れがちになるんですよ。**児童養護施設ってあるでしょう。事情があって、親から預けられている子どもたちの。あそこでは、24時間集団生活です。そうすると、中学1年生に入ってきたときに、発達が大体1年半位は遅れている子が目立つんです。前に研究会を開いて、どうしたらこういう子どもたちに自立を促すことができるのか、という問題を議論したら、そういった施設の指導員の方々が、いつも一緒に生活をしているから、一人になる時間がないんだと言っていました。要するに、思春期の子どもたちには、一人になってぼーっとして自分を見つめてみたり、〝内なる自分〟の生と向き合ったり、そういう時間の保障が、重要なんだな、と思った。それが、いつの間にかＬＩＮＥが入ってきたり、メールが入ってきたりして、携帯依存になってしまうと、お風呂にまで持ち込んでしまう。そこで外されると大変で、友だちは全部携帯が作っているんです。携帯の輪の中から外されると、ぱっと友だち関係が切れるわけです。**携帯というのが、実際の生活より先行しているようなところがある。こういうことは、使い方をよく考えないと、思春期の子どもの自立とか、成長に甚大な影響を与えるんじゃないか、と僕は懸念しているんです。**

禁止じゃなくて、上手な使い方、利便性の引き出し方を教えるケータイリテラシー教育が大切だと思いますよ。

茂木 そうですよね……。

尾木 大学の段階になると、合格者同士に、お友だちを作りましょうって、QRコードを合格証と一緒に渡しているんですよ。合格の書類袋に入っているの。それで学部ごとにお友だちを作って入学式に参加することになっている。入学式の当日に、このつながりができていないと、出遅れて完全に孤立するんです。そんな時代になっているんです。これは、脳科学からいうと、どうなんですか？　僕のような臨床教育をやっている人間から見れば、明らかにおかしいんです。

茂木 わかります。それで僕は、一つのトラウマ経験を思い出しました。大学に入学する時に、オリエンテーション合宿っていうのがあったんです。入学式の前、3月くらいに山中湖かなんかでやるんですが。僕は、どうしてもそれがイヤで、クラスで一人だけ行かなかった。理科一類12Bというクラスだったんですが。だから入った後ずーっと違和感があった。僕は、そういう意味で言ったら、はぐれものだったんだろうし、大学時代の友人というのは、塩谷賢という、１２０キロ、０・12トンの太った男しかいないです。

尾木　ふふふ。

孤独な時間が創造性を育む

茂木　でも、良かったですよ。**おっしゃる通り、そういう時間がないと、自分の独自性ってなくなっちゃう。**今の学生の問題って、そこら辺もあるのかもしれませんね……。尾木先生、そうだ！　僕ね、学生団体っていうのが嫌いなの。僕、そういう団体からよくインタビューを受けるんです。「グローバル人材を作るために僕たち、頑張っているんです～！」とか言われて。

尾木　僕の所にもしょっちゅうやって来るのよね～。

茂木　来るでしょう―？　ああいう学生が面白かったことって、１回もない。つるんでいることで安心しているっていうか。僕とか塩谷君みたいに、本当に、ぽつーんといる学生時代って大事だったという気がします。なんなんですかね、今の学生たちの、つながっていないと落ち着かないというのは。

尾木　ええ。

茂木　あれって、創造性からはまったく遠いですよ。
尾木　やっぱり、創造性の問題とも関わりますか。
茂木　**全部つながったら、みんな同じ情報になっちゃうから。創造性って、ちょっと外れていることが大事ですよね。**
尾木　外れていると思われるのが恐怖で、例の「便所メシ」というのが数年前に流行ったんですよね。
茂木　ああ、あの過激な……。
尾木　お昼を一緒に食べる友だちがいないことがつらいんじゃない。このネットでつながる時代なのに、お昼を一緒に食べる友だちもいないようななさけない奴だと思われることがつらくて、トイレの個室に逃げ込んで食べる。今、「便所メシ」はすっかり定着しちゃって、話題にもならなくなりましたが。そういう状況に近いタイプの学生に会ったことだってありますが、プリントを配る係だとか、いろんなことでちょっとした対人関係を結ぶ作業をさせたら、その学生がすごく成長したんです。変な表現ですが、ぐーーっと人間らしくなっていった。講義をやっていると、ネトゲ依存の人とか、すぐにわかるんですね。そこの周辺だけ微妙に雰囲気が違うんです。でも、そういう学生にこそ目をかけて、リアルな場面で、色々なコミュニケーションの場を作ってあげると、他の子よりも優れて成長していくような傾向があります。

茂木　大人も実はそういう傾向がある気がします。ひょっとしたら、現代における独創性、創造性って、いかに、ネットと切り離された時間を確保するか、ということが一番大事なのかもしれません。

尾木　でも、茂木さんの場合、すごくツイッターなんかやっておられるじゃないですか。僕もブログを毎日どんどん発信するんですが。だから、ケータイやスマホは上手く使えばものすごく使えますよね。

茂木　そうですね。でも、そこで出しているものって、昔の孤独の時代に貯めたもののような気がします。

尾木　ええ。なるほど……。

茂木　だから、ネットで、ただ他の人の意見を、コピーしたり、リツイートしたりするだけの人はすぐにわかっちゃいます。自分の言葉を持っていない。創造性って、自分の言葉を持っている、ということだと思います。そして、自分の言葉を持っている人って、そういう孤独な時間を持っていた人のような気がします。

尾木　あ〜、なるほど〜。そういえば、尾木ママの言葉には力がある、とか、僕のブログのコメントでよくホメてもらうことがありますね。45文字とか簡単な言葉しか言っていなくても。

茂木　それはやっぱり、尾木先生が跳ね上がり教師だった時代の、孤独な闘いみたいなものが、今、そういう力になって出てきているんだと思います。ネット時代に、力のある言葉を発したい、ってみんな思っていると思うんですが、結果として人のコピーになってしまっていて、自分の言葉を持っている人がいないのは、やっぱり、孤独に向き合っていないから。逆にいうと、ネットで一時的に人気が出たとしても、浅いとすぐに忘れられちゃうということもあるんじゃないかな。そんなに人間ってだまされない。**高校生同士のLINEもね、ひょっとしたら、彼らの中でも、こいつの言うことには力がある!とかいうのはあるかもしれなくて、そういう人って意外と、孤独な時間を大事にしている人かもしれません。**

尾木　じゃあ、僕もやっぱり、学生のLINE仲間に入れてもらって、誰が力があるのかちょっと、見てみようかなあ……。

茂木　ああ、いいじゃないですか!

尾木　ずっと持っていなくちゃならないと、イヤな気もするけどなあ。

内面の喪失前のレベル、「内面の未形成」という感じがしますね。内面が確立した大人が使うのには大丈夫だろうけれども、今、小学校3・4年生くらいから広く使っていますし、赤ちゃんでも小さな指でスイスイやっていますから。孤独を経なくて、まっとうに成長できるのかな、という不安感がすごくあります。

茂木　昔でいうと、女の子同士で、交換日記をやったりしていたよね。

尾木　そうそう。まったくそれのネット版ですね。

均質集団の外側の世界に目を向けられない若者たち

茂木　**おそらく、ＬＩＮＥの問題点はね、集団が均質すぎるということがありますね。一人で孤独に向き合うということと、似ているのは、全面異文化の人と向き合うということで、異文化の人ばかりだったら、そんなにお手軽なつながり方できないですよ。**

尾木　ああ〜。だから、日本人に合っているんですね。

茂木　だって全然違うんだから。僕ね、マサイ族の人に会ったとき、すごく面白かったんです。その人、人をよける習慣がないって言うんです！（笑）

尾木　はははは。

茂木　ぶつかると危ないから、東京の人ってすごく器用でしょう？　マサイの人って、大平原にいるから、基本的によける必要がないんです。だから、日本に来ると、みんなにぶつかっちゃうんだって（笑）。それから、いつも棍棒を持っているんだって。棍棒を持っているってことは、ズボンをはいているみたいに、普通のことで、でも、ナイロビに行ったときに、周りをふと見たら、棍棒を持っている人が誰もいなかった。ここでは棍棒はいらないんだって、思ったんだって（笑）。

尾木　ふははは。

茂木　そういうマサイの戦士が持っている雰囲気って、ＬＩＮＥでは伝わらないからなあ。ＬＩＮＥってやっぱり、スタンプなんかにしても、同じ文化を共有している人同士の符牒なんですよ。僕も、ＬＩＮＥで巨人の星だとか、ちびまる子ちゃんだとかのスタンプを入れているんですが、日本人同士だから上手くいくんですよね。だから、そういう子どもたちでも、マサイの戦士がいきなり学校に来て話すということになると、はっとしますよね。ＬＩＮＥできない、通用しないから。

尾木　均質の、小さな集団の、顔見知りの中で使っているという感じがしますものね。ＬＩＮＥって。僕のゼミなんかも、みんなＬＩＮＥでやっているから、僕だけが置き去りなんですよ。

茂木　尾木先生、マサイの戦士になるしかないですよ。

尾木　そうか！　ははははは。

茂木　逆に言うと、今の学生は、居心地の良い、均質な集団以外の世界に目を向ける力を失っているのかもしれませんね。

尾木　そうすると、なんかすごくよくわかるな。僕のずっと持っている、学生への疑問というのが一気に霧が晴れるように理解できてくるわ。

茂木　ネットって、二つの作用があって、世界につながっている、とかよく言うけれども、ものすごく狭い世界でも回せる。だから、むしろ、閉じる道具にも使われてしまうんですね。ネットはやっぱり、開く道具じゃないと。

尾木　ええ。学校裏サイト時代というのは、他から入って、見ることができたんですけれども、LINEだけは、見られないから。外の人がどうしようもないんです。

茂木　当事者の中でしかね。学校側が把握しようがないもんなあ。

尾木　親も見られないし。小学校時代から活用してどっぷりつかってしまったら、子どもの内面の成長がどうなるんだろう、と思って。

茂木　そうか～。だとすると、**自分たちの中で閉じている世界を作りやすいけれども、社会はこんなに広いんだよ、ってことを伝えることが、教育者の役割なのかも。**

尾木　思春期って、自分に自信が持てないからこそ、自立しようとあがいているクセに、「共依存関係」といって、友だち同士お互いにもたれかかる時期だから、余計にLINEが強力に作用するんですよね。**なるほど、外へ目を向けるきっかけをつくるのが、教師の役割なんですね。**

茂木　尾木先生、今の話は、すごく重要な話ですね。**国際関係の話にしてもね、ネットで、日本人の中だけで議論しているんですよ。**対中国、対韓国の話にしても。僕、ツイッターに英語のアカウントもあるんで、経験があるんですが、国内では通用する議論ってあるじゃないですか。すごく厳しい例ですけれど、国内では、広島、長崎に原爆を落としたのは、けしからん、戦争犯罪である、という議論が通用しますよね。僕、英語のツイッターアカウントで、**何回かそういうツイートをしたんです。そうしたら、その時の反応が、全然国内と違うんです。**つまり、日本は第2次世界大戦で、侵略行為で非常に悪いことをした、だから、広島、長崎に原爆を投下されたのは、やむを得ないことだった、というのが戦後の秩序を作っている連合国側の世界観なんです。そういう反応がほとんどだった。それが良い悪いではなくって、アメリカもそうだし、中国、韓国もそうなんです。だから、それこそ、ネトウヨと呼ばれる人たちがいろんなことを今言っていますが、日本人の中だけだから良いんだけど、あそこに一人でも中国とか韓国とかの人が入ってきたら全然違うことになると思います。**今新大久保で、デモをやっている人たちも、対話をしていないですよね。**勝手に言っているだけで、おそらく、新大久保の韓国の方々と目も合わせていないんじゃないですか。完全に自分の中で閉じて、勝手にプラカード掲げて、なんかやっているだけです。ネットの今の危険性って、そこにある気がします。**本当はネットって開く道具なのに、閉じてしまっている。**やっぱり、それが、教育者がやるべきことなのかもしれません。開いてあげること。

尾木　そうですね〜。

茂木　だって、今就職活動でさえ、ネットですからね。エントリーシート書くのに。

尾木　**人気企業にはエントリーが万を超えて来るというでしょう？　だから、企業側では、セレ**

クトしないと対応できないから、20大学ぐらいに絞ってきているんですって。大学名でフィルターをかけちゃうの。だから、今またそこに古くて新しい大学差別が生まれてきているようです。ネットエントリーの皮肉ですね。

親独自の教育観こそ教育再生のカギ

尾木　それからもう一つ、今政治情勢の変化が極端でしょう。安倍総理が、議席を大量に占めて、それに反対する人たちの、このまま憲法改正になって、戦争をするような国になってしまうのではないかという声が強調されている。そういう心配というのも、確かにわかるんですが、なんか日本の議会だとか、政治の世界というのは、多数決ではなくて、〝多数派決〟の議論がものすごく横行していて、数が多い方が勝ちなんだと思われてしまっているところがありますね。確かに数が多いということは、大切かもしれないけれども、逆にそれだけ責任が出てくるわけです。少数意見をどう取り込んでいけるのか、とか、対立意見をどうじっくり聞くか、とかね。そこのところの度量が試されているんで、ある意味では単純な形式民主主義のレベルから、非常に高度に発達した民主主義に成長できる時代になったんだととらえたら、すごく面白いと思うんです。

対話能力、新しいものにぶつかった時に柔軟に対処できる能力が求められているんだから。ころころ変わるというのも、一つに安定してずっときちゃうのも、逆に大変なことなんですよ。だからこそこういう中で、じっくりと異論をぶつけ合って、さらに良いものをお互いに生み出していけば、いいのにな、と僕は思うんです。

茂木　確かにね。今、尾木先生のお話を伺っていて、あ、と思ったんですが、**憲法改正とかそういう重要な問題だったら、諸外国ならどうするかというと、党議拘束を外しますよね。**今、自民党、維新……って、憲法改正に賛成の人が3分の2占めれば、憲法改正に向かっていくとかいう感じですが、憲法改正って一番重大なことで、政治家の良心を問われることじゃないですか。そういう問題の時は、アメリカでも、イギリスでも、党議拘束を外すんですよね。その人の政治観とか、人生観が問われることだから。自民党の中でも、憲法改正に反対する人がいるかもしれない。尾木先生が〝多数派決〟っておっしゃったとき、それをちょっと思い出しました。

尾木　日本の場合って、圧倒的に〝多数派決〟なんです。だから、数合わせになってしまう。民主党が大失敗したのは、考えがずいぶん違うのに数合わせして政権をとったから自ら崩壊したのかも知れないですよね。

茂木　**やっぱり、一人ひとりが大事なんだ。教育もね。結局日本の教育を立て直すためには、一人ひとりが自分にできる範囲のことでやっていくしかないんだな。それこそ、多数派決じゃなくて、一人ひとりの信条でね。教育って一番、一人ひとりの信条が出ますものね。人間とはどうあ**

るべきか、とか、何を学ぶべきか、とか。

尾木　ええ。

茂木　昔は、それ、家庭でやっていたんだけれどな。家庭のお父さん、お母さんに、学校が偏差値とか言っていたって、そんなのうちは関係ない！っていう強さがあった。

尾木　**それぞれの家庭が生活に根ざした独自の伝統的な価値観を持っていたんですよね。今、まるで逆です。学校の価値観の中に同心円状に各家庭がストンとはまってしまっている。むしろ、家庭の方が求めている。**

茂木　昔の人の伝記を読んでいると、お父さんの教育観とか、お母さんの教育観とかが、すごく感じられますよね。**今は、親の個性が中々感じられない時代になりましたね。本当はそこがすごく大事なのかもしれない。教育再生には。**

尾木　内面ではみなさんそれぞれに結構思っていることがあっても、なかなか言い出せないだけなのかもしれないですね。

茂木　それを言っていけばいいんじゃないのかな。僕が見ていると、意外と、強い親に育てられた子どもって大丈夫な子どもが多い気がします。

尾木　確かにその通りだと思います。子どもの個性――すぐれた面も気になるところも、かくれた才能も含めて――を一番的確につかんでいるのは、何といっても親なんですから。すべての子どもたちが、本当に伸び伸びと自分の持ち味生かしながらどこまでも伸びていくためには、「個別」教育が最適ですよね。個性を伸ばそう、寄り添って成長をサポートしようとする発想と姿勢を意識的に強く持たないと、親も学校も社会も一斉主義や集団的指導・教育の甘言にまどわされ巻き込まれてしまうように感じています。

親自身が自分を大切にする、自己主張できる、人の話を聴ける、他者を尊重する生き方をすることが『「個」育て』と、広い意味では、日本自身が世界から置いてけぼりになるのを防ぐ、最善の道なのかも知れませんね。いい意味でみんな〝強い親〟〝強い大人〟になりたいですよね。

［注］

（１）ＯＥＣＤが進めているＰＩＳＡ（Programme for International Student Assessment）と呼ばれる国際的な学習到達度に関する調査。ＯＥＣＤ加盟国の15歳の生徒を対象に、読解力、数学知識、科学知識、問題解決力を調査するもの。「知識や技能を、実生活の様々な場面で直面する課題にどの程度活用できるかどうかを評価」するもので、国際的な学力評価として日本でも「新しい学力」の方向として近年注目されてきた。第１回調査は２０００年、以後3年毎に調査することになっている。調査は、毎回メインテーマが存在し、読解力、数学的知識、科学的知識の順番でメインテーマが移っていく。（ja.wikipedia.org/wiki/OECD 生徒の学習到達度調査、www.intweb.co.jp/teian/PISAtoha.htm より）

（２）くだいていえば、平均を50とした点数でテストの成績をみる方法。より正確には、統計的に、テストの点数の分布を、平均点が50点で、84％の人が60点以下になるように調整したときの、あなたのテストの点数。偏差値が50より上なら平均より上の成績、逆に50より下なら平均より下の成績となる。偏差値は異なる試験の成績でも同じものさしで比べることができる。ただし、２つの集団の学力が異なる場合は、偏差値の意味が違ってくる。例えば、自分の学校が県内でも上位の高い学力の場合、校内テストでの偏差値は全国テストの偏差値よりも低く出る。（note.chiebukuro.yahoo.co.jp/detail/n1272 より）

（３）正式名称は「大学入学者選抜大学入試センター試験」。１９９２年頃までは「新共通テスト」、現実に施行されてからは「共通テスト」「新テスト」の名称が使われ、マスコミでも「共通テスト（大学入試センター試験）」「新テスト（大学入試センター試験）」などと表記されていた。全教科・全科目で設問の解答をマークシートに記入する方式となっており、記述式の設問はない。科目ごとに決まっている高校の学習指導要領に沿って出題される。1990年から、国立大学の共同利用機関である大学入試センターの実施する大学入試センター試験に変更し、私立大学も試験成績を利用できるように改めた。2006年には英語科のリスニング試験が、世界で初めてICプレイヤーを利用して実施され、機械に関するトラブルなど話題になった。国公立大学においては、（一部の推薦選抜などを除き）出願資格を「センター試験で本学が指定した教科・科目を受験した者」と規定している。生徒の学力低下を懸念して、ほとんどの国公立大学ではセンター試験で5（または6）教科7科目、合計950点分の受験が必須。また、私立大学の参加も年々増加している。私大の場合、センター試験を入学者選抜にどう利用するかは、各大学が個別に決めている。（ja.wikipedia.org/wiki/ 大学入試センター試験 より）

（4） 百ます計算（ひゃくますけいさん）とは、縦10×横10のますの左と上にそれぞれ0から9（の場合が多いが、それ以外もある）の数字をランダムに並べ、それぞれ交差するところに指定された計算方法（たし算、ひき算、かけ算、わり算など）の答えを記入する計算トレーニング。2003年には陰山英男著『徹底反復百ます計算』が300万部を超えるベストセラーとなり、多くの小中学校で授業や自習に取り入れられるようになった。（ja.wikipedia.org/wiki/ 百ます計算 より）

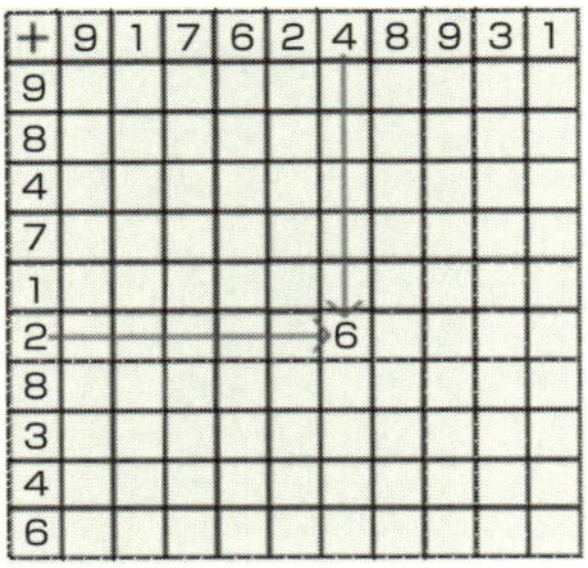

加法の百ます計算

（5） 遠山啓氏を中心に唱えた計算練習の方式。3ケタのの数の計算ができるために、前提になるのは、1位どりの原理、2 1ケタの数のたし算。1はタイルを使っておしえた。3ケタのたし算は、まず、すべての位がそろっていて、0もなく、繰り上がりもないものから始める。これは従来の常識に反するが、子どもに聞くと、いちばんやさしいという。あとの問題は、子どもは一人で考えてできるという。これをたし算、ひき算、かけ算、わり算、分数、小数などの計算にひろげていく。典型的なものから枝分かれしていく有り様が、水源地から各家庭に枝分かれしていく水道に似ているので、「水道方式」とよばれている。従来は枝分かれのところから教えていたので、理解のむつかしいところがあった。（銀林浩・榊忠男・小沢健一編『遠山啓エッセンス』2、日本評論社より）

（6）「堀川の「探究活動」は、何かを「探究」させ、そのプロセスを学習と位置付けながら、「発見」に昇華させていこうという理屈です。堀川は「探究活動」の意義・パワーを、「獲得した知識・技能を活用する場面を経験」させることが「学習意欲の増進」につながり、ひいては「思考力・判断力・表現力」を高める。これが再び学習意欲を増進させるスパイラルが起きるのではないかと位置付け、分析しています。

とりわけ、「自分の能力を自分で引き出し、学ぶことの楽しさに気づく」と、子どもたちは失敗してもそれを「よい失敗」が経験できたと受け止めることができ、学びへの信頼を深めていく、という堀川の「学習観」と「子ども観」は、子どもの学びの奥深さ、本質を見事に捉えています。

社会で「何が問題になっているのか」を見極め、「どうすれば解決できるのか」という答えの探り方のヒントを体得させようとする視線も優れています。これらは正に「複雑な社会を生きていく上での基盤となる」ものなのです。本当の意味での「生きる力」の形成に挑んでいるとも言えます。」（尾木直樹『子どもが自立する学校』青

灯社より）
（7）乳児から幼児期にかけては、触・臭・味が生きる上での基本的な感覚であるから、これらの感受性を高めることがきわめて重要である。その時期、特に触・臭・味に関する体験を多くしていくことはとくに重要であり、そのような体験を原体験と呼んでいる。原体験は、生活の中で自然にする体験である。屋内の決まった空間だけではなく、野外など刺激の多い空間に連れ出し、さまざまな体験を自由にできる場を与えてやればよい。自然の中でする原体験の蓄積が、いずれ知恵となっていく。原体験とは触覚・嗅覚・味覚などを通して自然から得られる体験であり、人間としての基盤となるものである。（www.proto-ex.com/gentaiken/gentaikentoha.htm より）
（8）0歳時に発達しなければならない課題として「愛着が形成されること」がある。赤ちゃんの心は大人とのかかわりを通してじょじょに発達し、生後6～8ヵ月頃に赤ちゃんの心に愛着が形成される。愛着とは、特定の人に対して「この人は自分の欲求や感情や意思を理解してくれる、この人といれば安心だ」という認識をもち、特定の人に対する特別な情愛。愛着を形成し、人見知りが出た赤ちゃんは、母親を「安全基地」として行動範囲を広げていく。「ハイハイ」などの身体的な発達に合わせて探索行動が始まる。また、赤ちゃんは特定の人（主に母親）との信頼関係ができると、だんだんと他の人をも不安なく受け入れることができるようになり、いろいろな人との接近・接触を求め始める。赤ちゃんが選んだ特定の人（主に母親）との「愛着」は、その後も日々強くなり、永続的なものとなる。愛着が形成されることは、赤ちゃんの心の発達が順調であることの証しといえる。愛着理論は、ジョン・ボウルビィによって確立された。（www4.ocn.ne.jp/˜iwasiro/point031.html 参照）
（9）障害の有無によらず、誰もが地域の学校で学べる教育。国連の障害者権利条約の批准に向けて国内の法整備が進む中、昨年7月に成立した改正障害者基本法でインクルーシブ教育の理念が盛り込まれた。義務教育段階で特別支援学校・学級に通う児童生徒の人数は、富山県で１８０４人（昨年5月現在）、石川県で１６６３人（今年４月現在）、福井県で１３７０人（昨年5月現在）。いずれも公立小中学生全体の２％前後となっている。（「朝日新聞」朝刊石川全県、２地方、２０１２年4月26日 より）

（10）スマートフォンを中心にしたiOSやAndroid（アンドロイド）などの携帯端末から、グループ間でのメッセージ交換サービスや音声通話を利用できるサービス、および同名の無料アプリケーション。ＳＮＳがオープン性のものであるのに対し、自分の友人などのグループ内でメッセージをやりとりするクローズドなところがサービスの特徴である。（100.yahoo.co.jp/detail/LINE/ より）

（11）日本のテレビ番組のひとつ。子ども向けの教養番組。放映は日本テレビ系列（１９６３年10月〜１９７９年９月）。アメリカの同名の幼児向け番組を雛形として制作された。日本の子ども番組の草分け的番組のひとつ。番組の中で「〇〇ちゃん」と、テレビを見ているであろう子どもの名前を呼びかけるコーナーがある。（『デジタル大辞泉プラス』小学館、ja.wikipedia.org/wiki/ ロンパールーム 参照）

（注は編集部が作成）

対談を終えて

いやあ〜、驚きました！

私の人生の中で、人との出会いと語らいがこれほどまでに〝快感〟となって全身を駆け巡った経験は、初めてのことです。

テレビ番組でご一緒してから、茂木先生の既存のワクに捉われないユニークな発想と、誰とも分け隔てなく接するフランクなお人柄にほれ込んだ私。ぜひ、教育問題をテーマにもっとお話したいと、夢が膨らみました。念願の対談実現が決まった当初、私の心づもりはこうでした。

「私の教育問題に関するギモン・問題提起に対して、脳科学の立場からの回答をいただく。それによって、今日の教育の問題点を科学的に解明し、今後のあるべき改革の方向性、展望を打ち出すことができれば――」

ところが、第一回目の対談の途中から、あれ？あれあれ？？　教育問題はご専門外のはずなのに、茂木先生の感じ取っておられる諸矛盾に対する怒りや解決への展望に至るまで、私の感じ方とほとんど合致するではありませんか。

茂木先生が率直に感じておられる、日本の教育の「おかしさ」とその分析は非常に的確で、納得させられることばかり。そして、個別の問題についても、話はどんどん広がっていくのでした。トレーニング主義や、階段を上るように基礎から発展へと機械的に教えるステップアップ方式は、脳科学上からもそれほどの成果はなく、むしろ危険さえあることがわかりました。

高校入試や偏差値教育は〝害悪〟でしかないこと。さらに、大学には今や「学問の自由と自治」など霧散していること。学ぶ意欲は萎え、自立力をなくし、身辺化した世界を生きる大学生の苦悩についても語り合いました。

今、日本の教育は「解体的改革」しかないという危機意識も同じでした。教育復活のカギは、グローバルな視点と教育の自由です。学校も、一人ひとりの子どもに応じた「個別教育」を大切にしてこそ、すべての子どもたちの心身を解放し、「それぞれの才能をどこまでも伸ばす」教育が展望できると私たちは確信しました。

タイトルの『「個」育て論』には、そんな思いを込めました。

ところで、私が驚いたのは、だれが見ても本物の「エリート」であり「天才」の域でもある茂木先生が、ご自身が偏差値教育の〝被害者〟だと感じておられることでした。そして〝できない子〟の抱く疑問や捉え方こそが真の「知性」であり、それを伸ばすのが本来の教育、教師の役割なのだという信念をお持ちであることでした。

読者の皆さんが、本対談録の「笑い」や「怒り」のはざまに見え隠れしている、日本の教育の危機的な問題と、それらに対する2人の「怒り」、痛切な「思い」、子どもたちへの「愛」を汲み取っていただければうれしい限りです。一人でも多くの方が、私たち市民の手で教育を再興する行動に加わってくださることを願ってやみません。

それにしても茂木先生、3回に及ぶ長時間の「おぎ・もぎ対談」ありがとうございました。生きるパワーをいただきました。

教育とはいつの時代も「管理や標準化との闘い」そのものなんですね。またご一緒させてください。

尾木直樹

２０１３年８月

制作協力：臨床教育研究所「虹」／恩蔵絢子

尾木直樹（おぎ・なおき） 教育評論家、法政大学教職課程センター長・教授。１９４７年、滋賀県生まれ。早稲田大学卒業後、海城高校や公立中学校などで教師として22年間、ユニークな教育実践を展開。著書『いじめ問題とどう向き合うか』『子どもの危機をどう見るか』（以上、岩波書店）『子どもが自立する学校』（編著）『新・学歴社会がはじまる』（以上、青灯社）『尾木ママの「叱らない」子育て論』（主婦と生活社）ほか多数。

茂木健一郎（もぎ・けんいちろう） 脳科学者。ソニーコンピュータサイエンス研究所シニアリサーチャー。慶応義塾大学大学院システムデザイン・マネジメント研究科特別招聘教授。１９６２年、東京生まれ。東京大学大学院理学系研究科物理学専攻博士課程修了。理学博士。著書『脳と仮想』『ひらめき脳』（以上、新潮社）『今、ここからすべての場所へ』（筑摩書房）『脳とクオリア』（日経サイエンス社）『脳内現象』（ＮＨＫ出版）ほか多数。

おぎ・もぎ対談 「個」育て論

2013年 9 月25日 第 1 刷発行
2015年10月30日 第 2 刷発行

著者 尾木直樹・茂木健一郎

発行者 辻一三

発行所 株式会社青灯社
東京都新宿区新宿 1－4－13
郵便番号 160－0022
電話 03－5368－6923（編集）
03－5368－6550（販売）
URL http://www.seitosha-p.co.jp
振替 00120－8－260856

印刷・製本 株式会社シナノ

Printed in Japan
ISBN978－4－86228－067－1 C1037

小社ロゴは、田中恭吉「ろうそく」（和歌山県立近代美術館所蔵）をもとに、菊地信義氏が作成

●青灯社の本●

「二重言語国家・日本」の歴史　石川九楊　定価2200円＋税

脳は出会いで育つ
――「脳科学と教育」入門　小泉英明　定価2000円＋税

脳を教育する　マイケル・I・ポズナー
メアリー・K・ロスバート
無藤隆監修　近藤隆文訳　定価3800円＋税

知・情・意の神経心理学　山鳥　重　定価1800円＋税

16歳からの〈こころ〉学
――「あなた」と「わたし」と「世界」をめぐって　高岡　健　定価1600円＋税

残したい日本語　森　朝男／古橋信孝　定価1600円＋税

9条がつくる脱アメリカ型国家
――財界リーダーの提言　品川正治　定価1500円＋税

新・学歴社会がはじまる
――分断される子どもたち　尾木直樹　定価1800円＋税

日本人はどこまでバカになるのか
――「PISA型学力」低下　尾木直樹　定価1500円＋税

「よい子」が人を殺す
――なぜ「家庭内殺人」「無差別殺人」が続発するのか　尾木直樹　定価1800円＋税

子どもが自立する学校
――奇跡を生んだ実践の秘密　尾木直樹　編著　定価2000円＋税

北朝鮮「偉大な愛」の幻
（上・下）　ブラッドレー・マーティン
朝倉和子　訳　定価各2800円＋税

毛沢東　最後の革命
（上・下）　ロデリック・マクファーカー
マイケル・シェーンハルス
朝倉和子　訳　定価各3800円＋税

「うたかたの恋」の真実
――ハプスブルク皇太子心中事件　仲　晃　定価2000円＋税

ナチと民族原理主義　クローディア・クーンズ
滝川義人　訳　定価3800円＋税

ポスト全体主義時代の民主主義　ジャン＝ピエール・ルゴフ
渡名喜　庸哲／中村　督　訳　定価2800円＋税

魂の脱植民地化とは何か　深尾葉子　定価2500円＋税

枠組み外しの旅
――「個性化」が変える福祉社会　竹端　寛　定価2500円＋税

合理的な神秘主義
――生きるための思想史　安冨　歩　定価2500円＋税

生きる技法　安冨　歩　定価1500円＋税

他力の思想
――仏陀から植木等まで　山本伸裕　定価2200円＋税